U0584464

高中物理教学设计
与实施探析

刘　戈　邓永强　冉顺齐◎著

吉林科学技术出版社

图书在版编目（CIP）数据

高中物理教学设计与实施探析 / 刘戈，邓永强，冉
顺齐著. -- 长春：吉林科学技术出版社，2023.7
ISBN 978-7-5744-0741-1

Ⅰ. ①高… Ⅱ. ①刘… ②邓… ③冉… Ⅲ. ①中学物
理课－教学设计－高中 Ⅳ. ①G633.72

中国国家版本馆 CIP 数据核字(2023)第 153232 号

高中物理教学设计与实施探析

著	刘 戈 邓永强 冉顺齐
出 版 人	宛 霞
责任编辑	李永百
封面设计	金熙腾达
制 版	金熙腾达
幅面尺寸	185mm×260mm
开 本	16
字 数	280 千字
印 张	12.25
印 数	1-1500 册
版 次	2023年7月第1版
印 次	2024年2月第1次印刷

出 版　吉林科学技术出版社
发 行　吉林科学技术出版社
地 址　长春市福祉大路5788号
邮 编　130118
发行部电话/传真　0431-81629529 81629530 81629531
　　　　　　　　　81629532 81629533 81629534
储运部电话　0431-86059116
编辑部电话　0431-81629518
印 刷　三河市嵩川印刷有限公司

书 号　ISBN 978-7-5744-0741-1
定 价　80.00元

前　言

物理学是一门自然科学，其研究范围非常广泛，大到宇宙，小到夸克，纵跨历史长河，涉及社会发展的方方面面，是一台推动人类文明进步的永不停息的发动机。对人的成长而言，物理学习对提升科学素养，提高思维品质，树立正确的世界观、人生观、价值观有着不可替代的作用。当然，学好物理也不是件容易的事情。物理难学是学生的普遍反映，物理难教也是很多教师的感叹。作为高中物理教师——物理学的基层传播者，让更多的中学物理教师做好物理学的传承与发展是我们的心愿，使更多的人热爱物理、学好物理、用好物理是我们的追求。

一般来说，教学过程大体可分为教学设计、教学实施、教学评价三个阶段。这里所谓的"教学设计"在传统上称为"备课"。虽然"备课"也要求备教学大纲、备学科教科书、备学生、备学习方法等，这些与"教学设计"涉及的工作对象并无原则区别，但是"教学设计"含义更深、更广，而且已经发展成为一门学科。教学设计是一门以学习心理学、教学理论和教学技术的研究成果为基础，寻求解决教学问题、优化教学效果的应用性学科，是沟通学习论、教学论和教师教学行为的桥梁。

本书主要探析高中物理教学设计与实施，书中从教学实践出发，以提升高中物理教学质量为主旨，主要阐释了如何进行高中物理教学设计。本书首先介绍了物理教学的相关内容，详细研究了物理教学的定义与特征、科学性与重要性，探讨了物理教学设计概述、前期分析、目标设计以及物理课程资源与教学设计的联系，并从概念课、规律课、探究课、复习课等方面来阐述高中物理教学设计。本书内容结合教学实践的需求，对重点内容做出了全面、透彻的分析，旨在践行新课程改革和素质教育的基本理念，为高中物理教学的高效开展、学生的全面发展提供可行性建议，可供高中物理教师阅读、参考和借鉴。

目 录

第一章　物理教学概述

第一节　物理教学的定义

教育的本质是传授一种科学的思想体系，培养学生科学的思维能力，学会自己掌握所学学科的规律。物理学是一门自然科学的基础学科，教给学生的都是唯物主义的科学知识和科学规律。

物理教学综合运用多门学科的知识和方法，以物理教学过程为研究对象，研究物理教学过程中的问题，总结其特点和规律，以期对物理教学实践起指导作用。

一、物理教学的研究对象和学科性质

要研究物理教学首先要了解普通教学论，因为普通教学论是物理教学的重要基础。以下简要说明普通教学论。

随着教学论的不断发展，国内外学者对其形成了各种不同的看法，总的来看，大致可分为两类：我国学者多数认为，教学论的研究对象是教学的一般规律；西方教学论研究者多数认为，教学论的研究对象是各种具体的教学变量和教学要素，例如，唐肯（M. J. Dunkin）和比德（B. J. Biddle）在他们合著的《教学研究》（*The Studying of Teaching*）一书中提出，教学论的研究对象是先在变量、过程变量、情境变量和结果变量这四种教学变量。

两种观点各存利弊：前一种观点，虽然探索教学规律是教学论研究的主要目的和最基本任务，但并不能由此就将教研任务和教学规律作为研究对象；后一种观点，研究对象虽然具体、清晰，在研究中容易操作，但以简单枚举为主要研究方法，给人雾里看花的感觉，难以真正反映教学论研究的全貌。

我们总结以上两种观点并进行进一步的探索认为，教育领域中教与学的活动是教学论的研究对象，细化分析，其主要有以下三个方面：

（一）教学论要研究教与学的关系

教与学的活动多由多种教与学的因素构成，例如教师与学生、学生与学生、教师与教材、学生与教材等，教学活动中最本质的关系是教与学的关系，是教师与学生在交流活动中知识授受之间的关系。在教学活动中，教师和学生，两者相互依存、相互促进，相互制约，共同构成了教学过程的主要矛盾，并且其贯穿教学过程始终。正是这一主要矛盾的运动发展，决定了教学的本质和规律。因此，在教学论研究过程中，教学论的根本问题是教与学本质关系的问题，抓住了教与学的本质，也就掌握了教学论的基本规律。

（二）教学论要研究教与学的条件

所谓教学的条件，主要就是指教学活动所需的以及对教学的质量、效率、广度和深度产生直接或间接影响的各种因素。在教与学的整个过程中都离不开一定教学条件的支持与配合。不同的社会对教育提出不同的要求，在不同的社会条件下又要求有不同的教学目的、教学内容和教学形式。教学活动的发生总是离不开社会的政治、经济、科技、文化等基本条件的影响。因此，教学论应当对影响教学活动的基本条件进行一定的研究。然而，我们在具体意义上教学论所谈的教学条件，更主要的还是指那些贯穿在教学过程中的对教与学产生着更为直接、具体影响的主客观因素，如教学设施、班级气氛、教学手段、学生的知识经验准备和认知结构、教材以及教师的学识和能力等。

（三）教学论要研究教与学的操作

教学论主要要注重研究教与学的实际操作问题。它既要研究教学的一般原理和规律，研究教学中的条件，还要研究如何将此原理和规律运用到实际的教学过程当中，研究如何更好地利用教学条件设计、组织教学，以期提高教学效率。教学论要研究各种教学方法的适用范围以及具体实践要求，如教学设计的程序、方法和基本模式，教学评价工具的编制技术和使用规范，课堂管理的技术和方法，教学环境因素的调控策略，等等。理论与实践脱节，是当前我国教学论研究中一个突出的问题。它造成理论研究不能直接指导实践操作。形成这种状况与长期以来我们对教学论学科性质、研究对象认识的片面性不无关系。因此，我们既要加强教学基本原理的研究，又要重视对教与学操作问题的研究，这不仅有利于理论与实践的结合，而且也有利于教学论的学科继续建设和发展。

教与学的关系、教与学的条件以及教与学的操作三者之间的密切联系和制约，共同构成了教学论完整的研究对象，分别可以产生教学的原理、教学的知识、教学的技术三大块研究结果。这些研究结果共同构成一个相对完整的教学论体系。

二、物理教学的研究对象

物理学是一门自然基础学科的重要学科，物理教学又是普通教学论的一个重要分支学科，因此物理教学具有举足轻重的地位。物理教学的研究对象是物理教育的全过程，即在物理学科范围内研究教育以及受教育者的全面发展，研究全面体现物理学科教育功能的规律。物理教学是在普通教学论的基础上更加充分、具体地论述物理学科的特点，具有独有的特性、独立的研究范围和研究对象。物理教学论和普通教学论是普通教学论的特例，既拥有普通教学论的共性，又有自己的个性。

物理教学的特殊性表现之一，在于它的研究范畴是物理教学，研究对象是物理教学中遇到的各种问题。虽然物理教学中的问题很多，但它主要有普遍性的问题和具体的问题两类。物理教学着重研究物理教学中的普遍性问题，并且揭示其一般性规律和特点。物理教学是高高在上的纯理论，它的研究成果在物理教学实践中具有指导和预见作用，使人们对物理教学实践的研究建立在坚实的理论基础上。

三、物理教学的目的和任务

物理教学是一门综合性和实践性都很强的交叉学科，是物理教师教育中不可或缺的一门学科。

开设物理教学的目的，是让准备从事物理教学工作的未来教师，掌握物理教学的一般规律和方法，具备初步的物理教学能力和教学研究能力，为顺利从事物理教学、教学研究和其专业素质的不断发展和提高奠定良好的基础。

总之，物理教学对物理教师的发展和成长起基础作用，学好这门课程对一直想从事物理教育事业的学生具有十分重要的意义和价值。

第二节 物理教学的特征

一、物理教学过程

教学过程是以学生为主体，在教师的辅导下，学习掌握科学知识、发展能力、提高素质和逐步认识客观世界的过程。教学论研究的重要领域之一是教学过程的概念和特性。只有正确认识和理解教学过程的相关理论，才能制定出符合客观规律的教学原则，为确定选择教学方法提供理论依据。

（一）教学过程的含义

教学过程是一种认识过程，它与人类的认识过程具有普遍的一致性。这种一致性主要表现人在认识活动中的认识基础、认识目的以及认识过程等方面。从这个意义上来讲，教学过程应受人类一般认识过程的规律影响和制约。

教学过程具有除人类的一般认识过程共性之外的特殊性，其特殊性具体表现在以下四个方面：

1. 引导性

教学过程的认识是通过教师的指导，进行有目的、有计划的活动，不是学生独自完成的。

2. 间接性

教学过程是运用间接的方式学习和掌握间接的经验。

3. 有序性

人类的认识过程往往表现出具有一定的跳跃性和曲折性，但教学过程中的教学体系是将物理学的逻辑性和学生年龄特征有机结合而成的，具有较强的有序性。

4. 简捷性

教学过程不是简单地重复传授前人创立知识的过程，而走的是一条认识的捷径，是一种经过专门设计的、简化的、缩短的认识过程。

显然，认识教学过程的这些特殊性，有助于我们更好地遵循教学过程的客观规律来组织教学。

(二) 高中物理教学过程的特点

高中物理教学过程的特点，既是一般教学过程特点的反映，又是物理学本身的特点，是由物理教学目的和学生物理学习特点共同决定的。具体来说，高中物理教学过程有以下六个基本特点：

1. 以观察和实验为基础

观察和实验作为一种手段，特别是作为一种物理学的基本思想或基本观点，在物理学的形成和发展中起着十分重要的作用。物理学研究中的观察和实验的思想和方法，必然影响和制约着物理教学过程。

物理教学必须建立在观察和实验的基础上。在物理教学中，观察和实验是学生获得感性认识的主要来源，它为学生进行物理思维、实现从感性认识到理性认识的飞跃提供了必要的手段，能帮助学生深刻理解物理知识是在怎样的基础上建立起来的，使他们学习物理知识时不至于迷茫。

有效地利用观察和实验来组织教学，激发学生学习物理的兴趣。这是训练和提高学生的实验技能以及培养学生的观察能力和实验能力的基本途径和重要手段。

2. 以数学方法为研究方法和手段

数学方法的运用具有独特的优点，其具体表现在以下三个方面：

其一，数学方法的高度概括性特征，为描述具有深刻内涵的物理概念和规律提供了最佳表达方式。

其二，数学方法简捷而又严密的逻辑思维方式，为简化和加速人们进行物理思维的进程提供了助力。

其三，数学方法作为计算工具所具有的严密性、逻辑性和可操作性等特性，在物理理论的建立、发展和应用等方面有着重要的作用。

综上所述可知，充分发挥数学方法和数学思维在处理、分析、表述和解决物理问题中的作用，在物理教学中，恰当适时地引导学生有针对性地将物理问题和数学方法有机地结合起来，运用数学方法解决物理问题。只有这样，才能促使学生真正理解和掌握物理知识，并在此过程中逐步提高学生分析和解决物理问题的能力。

3. 以概念和规律为中心

物理教学必须特别重视物理概念和规律的教学，使之成为教学的中心之一。学生能有效掌握物理学科基本结构的核心，重视和加强物理概念与规律的教学是有效手段之一。学生理解和掌握了物理学科的基本结构，有助于学生对物理学知识有一个全方位的了解，并且有助于学生知识的、结构的系统化。

由于物理概念和规律注重学生抽象思维的发展，因此，它也有助于训练和培养学生较全面的素质能力。

4. 以辩证唯物主义为指导思想

辩证唯物主义思想作为一种科学严谨的哲学思想，渗透于物理教学的整个过程。物理思维的方式和进程以及人们科学世界观的形成和发展都要受到辩证唯物主义思想的影响和制约。从各个方面来考虑，物理教学过程都必须以辩证唯物主义思想为指导，揭示和阐述物理概念、物理规律的内涵。只有这样，辩证唯物主义思想才能在长期的教学过程中潜移默化地影响和熏陶学生，使其拥有正确的价值观和世界观。不仅如此，在长期的教学过程中，既传授了物理的基本知识，也自然而然地树立了学生辩证唯物主义的思想和观点。

5. 发展学生的情感、态度、价值观

教学的过程不仅仅是向学生传授人类已有的文化和知识，还要在教学过程中培养学生思维的能力、想象力和创新能力等。不仅如此，还要在教学的过程中渗透情感教育，磨砺学生的意志，陶冶其情操，提高其人文素养，使其心智全面发展，并且促使学生全面、和谐、健康发展。教师在教学过程中关注的是全体学生，但学生之间会有个体的差异，因此要求教师利用情感的渗透，了解每一个学生在学习和成长过程中遇到的特殊问题，同时关注每一个学生思想、情感和道德品质的形成过程，让学生形成正确的态度，以及正确的价值观、人生观和世界观。

6. 注重培养学生对社会的责任感

物理学是自然基础科学重要的基础学科，它渗透于各个自然学科，在人类的发展历程中起重要的推动作用。帮助学生了解物理学在科学技术发展以及人类发展中的重要作用，并引导学生关注科学技术的发展给社会带来的负面影响，增强学生的社会责任感和历史使命感，尊重科学发展的客观规律，树立正确的价值观。

基于上面的论述，在物理教学过程中，教师应选取大量的物理科学发展对社会进步及影响的实际例子，丰富课堂，让学生对物理科学对社会的影响有一个更直观的印象。当

然，教师不可能将数量庞大的信息在有限的时间内提供给学生，因此许多内容可以精选、精讲，而有的可以点到为止，鼓励学生通过阅读教科书和补充材料，收集各种形式的信息，通过调查研究等方式进行学习。

课堂教学活动和社会实践相结合也是值得大力提倡的。物理教学不应仅仅局限于课堂教学和书本知识的学习，而是通过多种形式与课内外、校内外活动的紧密结合，让学生广泛接触社会和生活，让书本知识联系实际生活，甚至服务于生活，从而激发和保持学生的学习兴趣。

二、物理教学方法

在知识的传授过程中要运用一定的科学方法，才能使学生更有效地接受和理解所学的知识。在教学过程中形成的方法和规律统称为教学方法。教学方法具有服务性、多边性、有序性三个主要特征。教学方法是在教学过程中决定知识是否有效传授，教学任务是否完成，以及教学目标是否实现的一个关键性因素。因此，高效率地使用一些教学方法在物理教学过程中有着至关重要的作用。下面简要说明在物理教学过程中用到的一些方法。

（一）物理课堂教学的基本技能

物理课堂教学的环节有三个：引入、展开与总结。在这些环节中伴随教师的指导和监控。以下从这三个环节具体说明。

1. 课堂引入

课堂引入是指在正式讲课之前教师运用一定的方式方法将学生从别的思绪和注意力中引导进入接下来要讲的内容当中。成功的课堂引入能集中学生的注意力，引起学生的学习兴趣，达到承上启下、开宗明义的目的，把学生带入物理情境，调动学生积极性，为完成教学任务创造条件。成功的选材是课堂成功引入的关键。所选的材料要紧扣课题，且是学生熟悉的，与实际生活贴近，和接下来要讲的知识紧密连接。生活中有趣、新奇的事例，紧迫的问题，这些都有助于引起学生强烈的探究心理和学习兴趣。成功的课堂不仅要引起学生的注意力，还要引导学生积极地思考和探索，为成功地切入接下来的课程做好准备。

实际教学中，物理教师常采用直接引入法、资料导入法、问题引导法、实验引入法、复习引入法、猜想引入法、类比引入法等。下面就其中几种方法简要说明。

直接引入法是指直接道出本节的课题。该法操作简单容易，但效果一般。因为新课内容对学生是陌生的，这种方法既联系不了前概念，又引不起知识的迁移，更激不起学习的兴趣，因此教师一般很少采用。

资料导入法是指用各种资料（如物理学史料、科学家轶事、故事等），依教学内容，通过巧妙地选择和编排来引入新课。用生动的故事将学生注意成功引入，思维顺着故事的情节进入学习物理的轨道。

问题引入法是指针对所要讲的内容结合生活实际或已有的物理知识，设计一些能引起学生兴趣的问题来引入新课。

实验引入法是指通过演示实验学生边学边实验来展现物理现象引入新课。它使抽象知识被物化和活化，而且创造的情境让学生由惊奇、沉思到急于进一步揭露实质，达到引入新课的目的。

复习引入法是通过温故已学知识提出新问题，引导学生进入新课的学习方法。通过复习，找出新、旧知识的关联点，然后提出新课题，让学生的思维向更深的层次展开。它能降低学生接受新知识的难度。

顺利的课堂引入有利于学生提出各种"猜想和假设"，为"探究式学习"的开启打开正确的方式。

2. 课堂展开

成功将学生引入课堂以后，教师让学生带着各种疑惑和不解开启了课堂正式授课的过程，学生急切地想知道问题的所以然。接下来就是分析问题、解决问题的过程，是整节课的关键内容所在。

具体到物理教师的问题就是要考虑如何将物理问题展开，把已有的物理知识体系通过正确的有效的方式巧妙地传授，使学生能更好地接受。对物理问题的展开有逻辑展开和实验展开两种方式。

逻辑展开，即"问题—结构—原理—结构—运用"的模式，突出逻辑结构的分析，由物理问题引向知识的建构。

实验展开，即"问题—实验—观察原理—运用"的模式，突出以实验为主要手段，创设与物理问题对应的物理情境。

凡能用实验展开的物理问题，都尽可能采用实验展开，让学生通过对物理知识的物化和活化，求得感知。

对物理问题展开的过程中，还会遇到说明、论证和反驳等方法。

（1）说明

物理教学的过程中常用的说明方法有释义、举例、描述、比喻、比较等。一些用实验或逻辑方式得到的概念，不是用一句简短的话就能定义，就需要释义；一些十分抽象的概念，就要举例说明，使学生有一个鲜明的印象；在叙述物理现象、事实和原理时，为了形象、直观、生动，运用合理的修饰，这就是描述；为使深奥的道理浅显易懂，可利用贴切的比喻；为揭示易混概念之间的本质差异，以帮助学生建立起清晰、准确的概念，可运用比较。

（2）论证

论证是指从一些判断的真实性，进而推断出另一些判断的真实性的语言表达过程。比如，用实验呈现的某物理现象或事实，要通过它们寻求规律，至少须简单枚举归纳推理才能总结出来；有些物理规律需从已知的原理、定律运用演绎方法推出；为了给抽象的物理事实提供一个类似的比较形象直观的模型，从而实现知识的迁移，常使用类比推理。归纳、演绎、类比等都是物理教师课堂教学展开时常用的论证方式。

（3）反驳

确立某个论题虚假性的论证即为反驳。比如，学习牛顿第一定律时就要反驳亚里士多德的错误观点，运用逻辑思维推理的方法对错误的理论进行反驳。为了使反驳具有说服力，要找到真实、充足的论据，确立明确的立论。

3. 课堂总结

对物理知识的阶段性总结不仅能使所学的知识条理化、系统化，使学生获得清晰而深刻的印象，并强化记忆，还能适当地将知识引申拓宽，促使学生的思维活动深入展开，激发继续学习的积极性。因此，每一堂课后都要对这堂课所学的知识做一个小结。物理课堂总结常见的有首尾照应式、系统归纳式、针对练习式、比较记忆式四种形式。

（1）首尾照应式

首尾照应式就是在课堂开始时提出与本节课密切相关的一个问题，设置悬念，通过课堂对新知识的讲解以求学生利用所学新知识解释此问题，在课堂的结尾引导学生解答此问题，达到课堂首尾呼应的教学方法。

（2）系统归纳式

系统归纳式是指在课堂活动结尾时，将一节课所学的主要内容、知识结构进行总结归纳。总结的语言力求简洁明了，可以借助图表图像的形式。这样既有助于学生对这节课的新知识有一个整体的把握，又有助于学生把新知识和以往所学知识产生联系，构成一个系统。学生掌握知识的重点及知识的系统性，有利于学生记忆和利用。这种系统归纳总结的方法在实际的物理教学中用得较多。但此种方法不够生动活泼，偏于死板，在知识密集型的课堂中才独具优势。

（3）针对练习式

针对所学的知识，设计一定的习题，在解题的过程中不仅能复习新知识，也能从不同的侧面对新知识有一个了解。

（4）比较记忆式

比较记忆式是指将本节课讲授的新知识与具有可比性的旧知识加以对比。同中求异，掌握事物本质特征加以区别；异中求同，掌握事物的内在联系加以深化。以此帮助学生加深对所学知识的理解和记忆，开拓思路使新旧知识融会贯通，提高知识的迁移能力。"比较"是认识事物的重要方法，也是进行识记的有效方法。它可以帮助我们准确地辨别记忆对象，抓住它们的不同特征进行记忆，也可以帮助我们从事物之间的联系上去掌握记忆对象，抓住它们的关系进行系统化记忆。

4. 课堂提问与调控

在引入阶段、展开阶段和总结阶段，向学生提出问题，要求思考和回答，这是课堂提问；为保证教学任务的顺利完成，教师对学生进行的带有约束性的管理，这是课堂调控。

中学生的心理发展尚未成熟，注意力易分散，尤其是对时间长、内容单一的活动易产生疲劳和厌烦，于是难以抑制约束自己。这种自控能力较低的表现，使物理教师的课堂管理调控能力显得极其重要。恰当地运用提问，不仅可以调动学生，诊断学生遇到的学习障碍，还可以转换学生的注意，更为有效地实现课堂教学的管理调控。

由此可知课堂提问对调动学生和课堂活跃性的重要。因此课堂问题要具有吸引力，能引起学生足够的兴趣和产生探究的动力；课堂问题要难易适度，让学生体验到成功的喜悦；课堂问题力求题意明确，不要因为选词选句不当引起学生疑惑、误解和猜测。充分了解学生，是问题设计是否成功的又一因素。设计问题时，应充分估计学生的可能答案，尤其是错误答案，并且准备好相应的对策。根据课堂情况，把握好提问的时间。提问是面向全班学生的，而学生的水平参差不齐，因而要有针对性地设计一些不同难度的问题，照顾到班里低水平的学生，充分地尊重每一个学生。

只有经过精心设计的、切实符合学生心理和认知水平的问题，才可能调动全体学生的积极性。一旦学生的积极主动性被调动起来了，一个对物理学习的有利条件和良好环境也就形成了。这时，不需要任何严肃的指令，学生都能自觉自愿地去学习和思考，这也就是最有效的教学管理调控。

（二）教师的教法

物理教学具有一般教学的基本特点同时也有其特殊性。在物理学有限的基本教学方法当中物理教师可以加以挑选，根据具体教学情况并加以综合运用，从而创造出生动活泼的具体的教学方法。物理的基本教学方法有以下六种：

1. 讲解法

讲解法主要是运用口头语言的形式，适当辅以其他教学手段，如图片、幻灯片、板书等，向学生传递知识信息，使学生掌握知识，启发学生思维，发展学生能力。讲解法在高中物理教学中是应用最广泛、最基本的一种教学方法。它适合于教学内容系统、理论性强的知识讲解。它既可以描述物理现象，叙述物理事实，解释物理概念，又可以论证原理，阐明规律。

讲解法的优点是它能系统地讲解复杂的密集的知识，使学生在短时间内获得大量的知识信息。但讲解法的缺点也是显而易见的。这种方法的主体是教师，学生处于比较被动的地位，等待教师知识的灌输，不能充分发挥学生的主观能动性，不能照顾个别差异，学生习得的知识不易保持。尽管如此，在当今信息社会里，讲解法仍是重要的教学方法之一，这也正是整个教学须要改进的地方。

讲解法对教师的教学素养有较高的要求。教师要以生动形象，富有感染力、说服力的语言，清晰、明确地揭示问题的要害，积极地引导学生开展思维活动。同时，要适当地配合利用挂图、板书、板画、演示、实验等教学手段配合。教师讲的内容不仅包括结论性的知识，也包括相应的思维活动方式。教师在讲解知识的同时，也要把自己的教学思路以及提出问题、分析问题和解决问题的过程呈现给学生。学生的学习，主要是在教师指引的思路之下，对教师讲解的内容进行思考和理解，并从中学到一些研究问题、处理问题的方法。

在物理教学中，运用讲解法应当做到以下三个方面：符合学生的认知水平。如果脱离学生的认知水平，那么学生已有的认知结构中就找不到适当的、可以同化新知识的观念，从而使新知识不能纳入学生的认知结构，便成为机械接受、机械记忆。突出重点。教师应该巧妙地运用变式，从新的角度、视野进行分析和阐述，而不是机械式地简单重复知识。具有启发性教师的讲解不能平铺直叙和强行灌输，而要不断提出问题、分析问题、解决问题。疑问是学生开展思维活动的诱发剂和促进剂，它能够充分调动学生的积极性和主动性。综上就是讲解法应该具备的特点。

2. 角色扮演法

让学生亲身体验，以某种角色来感受实际，并通过自己的思维对已有的观念行为进行抉择、判断，让学生的个体行为表现和价值观得以外显的教学方法就是角色扮演法。角色扮演法给学生提供体验真实环境的机会，让他们站在特定的角色立场上，从而对自己的行为价值观有一个直观和切身体会的感受，以及同教师赋予的价值观进行比较，从而形成正确的科学态度及价值观。比如，在学习正确用电知识后，学生可以结合自己家里的实际情况，提出安全用电以及节约用电的方案。

角色扮演是将物理学的问题转化为与学生生活实际紧密联系的内容，学生在参与社会决策中，能自觉运用所学的物理知识去分析、判断，从而在扮演、体验和决策的过程中提高自己运用物理知识的能力，同时在科学态度与价值观方面也获得教益。

3. 资料收集与专题讨论法

在现代信息环境逐渐发展和日益普及的大环境下，获取教学资源的途径也变得越来越多，越来越容易。比如，有传统的图书馆资料查询、通过上网来收集与物理学科有关的各种信息资料，或者查阅文献资料。教师在此过程起引导和启发的作用，引导学生正确查阅自己所需资料的方法和途径，比如关于期刊论文、专利、技术标准资料的查询方法。教师在此过程兼具答疑解惑的角色，学生遇到的问题，教师不仅要及时解答，还要敏锐地预见学生将要遇到的问题，并引导学生提出解决方案。引导学生查找一次文献，整理加工成具有目录、文摘、索引的合集；了解二次文献及三次文献的区别和查阅方法。

物理课程的新理念包括：从生活走向物理，从物理走向社会；注意学科渗透，关心科学发展等内容。围绕这些概念，物理教学采用专题讨论。专题可以是学生尚未学过的某个物理知识内容，也可以是物理学与经济、社会发展互动专题，也可以是其他与物理知识相关学生感兴趣的专题。

采用资料收集与专题讨论教学法，首先由学生自主确定学习内容的专题，学生独立阅读文献资料，并结合自己原有认知对所获得的信息进行选择、加工和处理。其次学生进行小组讨论，参加讨论的每一个学生都可能就专题提出自己的看法，相互交流，从中获得比课堂教学更深一步的认识和了解。最后以小组为单位形成专题研修报告。报告最后由教师给出总结和评价。

资料收集与专题讨论法在倡导发展学生自主学习能力和独立探究能力的今天，为许多物理教师所采用。这种方法的优点是培养了学生独立思考、获取知识的能力，并且在学生自己查阅资料的过程中加深了对知识点的了解，以及深刻理解物理学知识与社会的联系。因此这种方法值得深入研究探讨，并且大力提倡。

4. 实验法

实验法是教师运用演示实验或学生实验进行教学的一种教学方式，包括演示实验、边讲边实验、学生分组实验、课外实验等多种教学形式。

实验法主要是靠学生认真观察教师演示或亲自己动手所做实验的现象，把实验感知与思维活动紧密结合，从而获得知识，掌握技能，发展智力，提高能力。

运用实验法时，教师主要是创造实验条件和环境，指导学生动手操作，动脑发现问题，积极思考。在教学过程中，学生在教师的指导下，亲手操作，进行观察、记录、分析、综合实验现象，归纳得出结论。

实验法直观性强，物理现象在学生头脑中形成的表象生动，对物理概念的形成、物理规律的建立以及对知识的理解具有十分重要的促进作用，并且能够激发学生物理学习的兴趣与动机。实验法在激发学生学习物理的兴趣，培养学生观察能力、实验操作技能，养成勤于动手、善于思考的良好习惯以及严谨的科学态度和实事求是的工作作风方面具有其他方法不可替代的作用。

5. 调查法

具备一定社会活动能力的中学生，尤其是高中生，可以设计一些与物理学科内容相关的问题让他们到工矿企业、科研机构、展览馆、商店、社区等地方去参观、访问，并就一些能够使学生在物理知识与技能、过程与方法、情感态度与价值观这三个方面获得教益的问题或现象展开调查。教师在其中的作用就是要指导学生制订调查计划，在调查对象、内容结果处理等方面形成可操作的具体计划；在实施调查的过程中，要帮助学生形成调查报告；教师在审阅调查报告的过程中，要对学生在调查中所表现出的思维方法和能力进行评定和总结，帮助学生从调查中的感性认识上升到理性认识，最终理解和掌握物理学知识，并且增强学生的社会意识和社会责任感。

6. 读书指导法

读书指导法类似资料收集和专题讨论法，不过读书指导法是指教师指导学生阅读教科书和其他有关书籍而获取知识并发展智能的教学方法。此方法是资料收集方法的特殊例子。它有利于培养学生的自学能力和习惯，便于从学生的实际出发；有利于教师个别指导和因材施教，是学生运用新课程倡导的自主学习方式时常用的方法。但这种教学方法也具有一定的局限性，它适于难度较小的章节或段落，有利于叙述性和推证性的知识内容，不利于培养学生观察、想象、操作等能力，限制了师生的情感交流与认知上的及时反馈。

（三）学生的学法

好的且行之有效的学习方法会极大地提高学习质量。学生掌握物理知识与技能，完成物理学习任务的心理能动过程，就是学生的学法。它具有很强的实践性和功效性。好的有效的学习方法要经过反复实践，并在良师指导下扩充和完善逐步形成。

1. 善于阅读与思考

善于思考和阅读是学习任何一门学科知识都要具备的素质。同理，物理学科作为一门特殊的科学知识，学习的时候同样需要对教材和有关资料进行阅读的。而教材和有关资料上的文字符号往往是一维空间性质的信息，其图示、照片充其量是二维空间（或时空）的信息。现实中的物理研究对象大都是四维的，即三维空间和一维时间紧密相连的客体，且它们在四维时空里不断发展变化着。物理科学此种特殊性给物理学习者提出了新的要求。学习者阅读时要按照其中文图叙述的逻辑顺序实现上述转换的逆转换，即将低维信息在头脑中还原成原本存在的高维信息。然而，不是所有的物理知识都能通过上述行为来活化和物化的，一些通过思维加工抽象的物理概念及规律，需要学习者也经历同样的思维过程才能领悟其中丰富的内涵。因此，阅读与思考在物理学习中十分重要。

物理学习中出类拔萃的学生，阅读时能够比较全面领会其中的内容。除了阅读教材的内容，他还喜欢读物理方面的课外书。经常的阅读习惯帮助他们分辨，从什么地方能快捷、准确地找到自己需要的资料。面对众多类似的乃至书名相同的读物，他们大致有几种阅读的方法：浏览书名、作者、出版者、前言和书中的目录，大体知道该书研究些什么，采用什么研究方法，是不是自己最需要阅读的，然后决定取舍；将阅读获得的新知识与原有的旧知识进行比较，弄清它们之间的关系，以此加深理解；会通过实际应用检查学习效果，必要时还会再次阅读。

2. 善于观察和喜欢实验

观察与实验是物理学习与研究中非常重要的方法。物理学是一门实践性很强的学科，其知识体系主要来源于对物理对象的观察与实验，即使是抽象思维总结的内容，最终也须经受观察与实验等实践的检验，才能上升为物理理论。

但也并非所有的物理现象及其规律都可以通过观察就能探究。由于许多物理现象的发生和变化是受周围环境的影响和制约，要探究其物理对象的功能和属性，要经过人为控制条件下的实验。实验可以活化和物化研究对象，可以创设问题情景，可以渗透物理思想和科学研究方法，可以培养学生动手操作能力、观察思维能力，甚至锻炼其意志品质。

基于物理实验的重要性，不重视实验的学生学好物理是比较困难的。勤于动手的学生，在物理实验操作上才能显得熟练而从容，他能比别人赢得更多的时间去思考：如何确定实验目的，明确操作要求和步骤；如何选择实验原理表述和测量的方法、测量用的仪器设备；如何发现、分析和处理实验中出现的误差；如何应对可能出现的意外情况等。

3. 具有合作精神

与别人讨论、协商、合作、竞争是物理学习者在学习的过程中更好地完成自己的知识构建，以使自己的认识更为准确、更加全面的一种有效的学习方法。汇聚众长，补己之短。无论是分组讨论或是分组实验，不断地与同学思想发生碰撞，大胆发表自己的看法，认真倾听别人的意见，既坚持原则又尊重他人。

当同学学习上遇到困难，要乐于交流自己的学习方法，因为在解答同学提出的疑难问题的同时，自己的学习水平也得到提高。通常情况下，物理优秀的学生更加具备合作精神。

第三节　物理教学的科学性

辩证唯物主义思想始终贯穿在物理教学的整个过程中，因此物理教学具有科学性。这种科学性具体表现在物理教学过程中，就是教学思想、内容、方法的正确性、准确性与先进性。

一、教学思想的科学性

在物理教学的全过程中，学生都应当是学习的主体。我们认为坚持以人为本，树立全面、协调、可持续发展观，促进经济社会和人的全面发展，是科学发展观的本质和核心，也是当代教育发展理念的本质和核心。实际经验表明，要使物理课程的教学成为学生全面发展的基本途径，除了充分看重学生的人格、尊严和权利之外，还要调动学生自身的学习积极性，主动参加物理学习和探究。也就是说，物理教学过程中，教师与学生的一切努力说到底，就是为了实现学生在心理行为上发生自我调节，发生知识的正迁移，从而培养能力，提高物理科学素养。

另外，物理教学应当体现物理学科独特的基本观点。它们是：实验的观点，靠观察和研究物理对象一般不确切，难以发现内在规律和本质性的东西，只有实验，才能对被观察的客体做出较正确的判断；量的观点，物理学总是喜欢运用数学的研究方法来分析简化问题，总是力求能够定量分析，尽可能从数量的关系上去把握物理意义，去挖掘其内涵和开拓其外延，从而更深刻地认识其本质规律；统计的观点，物理学认为物质的宏观特点是大量微观粒子行为的集体表现，宏观物理量是相应微观物理量的统计平均值，物理学研究物质客观现象的本质时，根据物质结构建立在宏观量与微观量之间这一关系的基础上，一般都采用统计方法分析和解决问题；守恒的、对称的观点，物理学认为，自然界运动及其转化的守恒性具有两个不可分割的含义，一是自然界各种物质运动形式的转化，在质上也是守恒的，改变空间地点、方向或改变时间，物理规律不变；而把物理规律做"平面镜成像"式的空间反演或者经"时光倒流"式的时间反演，有些情况规律不变，有些情况规律发生了变化，前者称为"对称"，后者称为"破缺"（不对称）。当物理理论同实验发生冲突或物理理论内部出现悖论时，往往会发生一些对称性的破坏，即破缺。这时从更高的层次上建立更加普遍的对称性。

二、教学内容的科学性

教学内容既包括客观存在的教材，也包括师生在课堂上进行双向交流的内容。

首先，教材所体现的知识结构体系是科学的，即教材中所阐述的物理概念和规律有充分的事实依据，物理定理、结论的推导是有正确的逻辑推理。教材具有的科学性表现在以下方面：物理教材要讲清楚学生在各个学习阶段应知应会的基本概念和规律、物理基本观点和思想以及物理实验的一些基本技能；简要说明物理学的发展历程，使学生能够关注物理学对经济、社会发展的影响以及物理学与其他学科之间的联系；教材内容的选择、知识结构的编排要符合学生智能发展的规律，要符合学生心理认知规律。

师生在课堂上进行双向交流内容的科学性，包括两条：其一是表述的物理知识内容要准确无误；其二是阐述物理规律要具备逻辑思维的严密，要对每一个物理现象、物理概念、规律都能正确地解释，并能准确地运用物理术语或图示表达出来。

三、教学方法的科学性

在高中物理教学过程中，不仅要注重对学生的启发教育，还要符合学生认知规律，做到这两点的教学方法才是科学的。

教师在物理教学过程中，设计的一切有利于学生主体发挥能动性的活动，是否能调动学生，是否能启发学生，这一点很重要。只有具备启发性的东西，才可能引起学生学习的注意、思考的兴趣，进而主动地去领悟，去理解，去应用。

学生要经历科学探究过程，认识科学探究的意义，尝试应用科学探索的方法研究物理问题，验证物理规律。在这个过程中需要教师合理的诱导、精心的组织安排，比如问题的设计、实验仪器的安排、物理情境的创设等，从而启发学生积极主动地进入探究式学习。

凡是符合学生认知规律的教学方法都有存在的价值。就科学性而言，"循序渐进"是不应当被忽视的。高中物理教材的编写是按问题从易到难、从简单到复杂的顺序步步深入的。经常地复习巩固，及时发现和补救在知识与能力中的缺陷，使教学连贯进行下去，使学生学习物理从不懂到懂，从懂到熟练掌握，从学会到会学……这就是循序渐进。

总之，不论是教师教物理还是学生学物理，只有符合学生认知规律的方法，才是科学的。

第四节　物理教学的重要性

物理学作为一门基础学科，它已经渗透到各个学科，物理学与其他学科的交叉渗透因而产生了一些新的学科。比如，物理学和化学交叉产生化学物理学、材料物理学，和地理学交叉产生地理物理学，等等。由此可见，物理学在人类社会发展中重要的地位，因而物理教学也有着同样的重要性。物理教学的很多重要性表现在物理教学过程中：坚持主动性、趣味性、有序性以及实践性原则。

一、主动性原则

在高中物理教学中，要贯彻教师指导作用与学生学习主动性相统一的原则，其要求主要有三个方面：

第一，教师要善于激发学生的学习兴趣，助其形成正确的学习动机。学生的学习是一种能动的活动，它是在各种动机的影响下进行的，经常受学生的认识、愿望、情感的心理活动的支配。所以应培养学生的学习兴趣，形成他们学习的内部诱因。学习动机与学习目的有密切的联系。实践证明，学生对即将进行的教学活动的意义和学习目的认识越明确，学习兴趣就越高，注意力就越集中，学习效果就越好。

教师的指导作用主要表现在能激发学生的求知欲和学习兴趣，培养学生在学习上的责任感。首先，教师在教学中以丰富、有趣、逻辑性、系统性很强的内容和生动的教学方法吸引学生的学习。其次，教师本身的情感更具有很强的感染力，如果教师有强烈的求知欲，热爱物理学，以饱满的情绪带领学生探索物理世界的奥秘，就会对学生的学习兴趣和情绪产生积极的影响。

第二，注意创设问题情景，启发学生积极思考。学生的积极思维常常是从遇到的问题开始的，教师应为学生创造独立思考的条件。为此，教师要根据教科书的特点和学生的实际，不断提出难易适度、环环相扣的问题，引导学生积极思考。

第三，要培养学生自主探究的能力，养成良好的学习习惯。学生学习的自觉性、积极性不仅表现在对物理学习必要性的认识和具有强烈的物理学习兴趣和需求上，而且还表现在能开展独立思考，具有自主学习的能力上。在教学中，教师要利用谈话、讨论等方法来启发学生把握方向、认真钻研、获取结论，逐步减少对教师指导作用的依赖性。

二、趣味性原则

物理教科书中有许多成比例，有组织，呈对称，简单、和谐与多样统一的内容，它们被表现在理论体系、科学概念、数学方程的结构和系统中，表现在逻辑结构的合理匀称和丰富多彩的相互联系里，表现在若干观察与实验的新鲜奇妙上。物理学所蕴含的趣味性要求教师在教学的过程中正确地引导，恰当地呈现，从而激发学生学习和探索的兴趣。

物理学中蕴含一种"科学的美"，正确的引导、合适的材料选择都有助于学生悟出这种"科学美"，从而获得一种美的享受。把趣味性归还给学习过程，实际上是要求做到教学过程中美感的互通、敬业的互通。教师要怀美而教，学生要求美而学，这就要求我们努力挖掘高中物理教材中各种美的因素，各种充满趣味性的内容，适时地激发起求知的欲望和创造的热情。

教师上课时对学生的热爱、理解和期待的美意表现在精心设计的教学程序、巧妙构思的设问或演示，还有规范的操作、工整的板书、和善的态度等，从而激励和感动学生。学生学习时对祖国、人民和教师的责任感、信任和爱戴的美意表现在对物理学科知识学习的必要性的认识，在学习中既专注又主动，通过积极认真的钻研，进一步感悟学物理的乐趣，从而支持和感动教师。

三、有序性原则

有序性原则是指教学活动要按照学科的逻辑结构和学生身心发展规律，有次序、有步骤地进行，以期使学生有效地掌握系统的知识，促进身心健康发展。

有序原则在教学中的应用体现在高中物理课程标准和教科书的具体内容上。它要求课程标准和教科书的内容必须保持最合理的体系和结构，要依据学科的逻辑顺序和学生不同年龄阶段发展的顺序特点编写。教科书的每一部分都要有逻辑联系，后面的内容应建立在前面的内容的基础之上。

教师在把书本内容具体化为适合教学活动的教学内容时，应把学科结构改造成适合某一学习阶段学生能普遍接受和理解的形式，使其范围、深度、进度能同自己的教学对象的实际水平相适应。

在教学中，贯彻有序性原则，应遵循以下三个方面的要求：

第一，教学过程的有序性。有序性原则还要体现在拟订教学进度计划、安排阶段总结、组织课外学习活动等过程中，但最重要的还是要抓好课堂教学的顺序。一般来说，课堂教学要遵循一定的教学秩序，但教师又不能把课堂教学基本阶段的某种顺序绝对化，而是要根据教科书的特点、学生的认识水平、学习程度和教学的物质基础条件来安排讲课顺序。在教学过程中，教师要善于把教科书的内容化难为易、化繁为简；坚持由近及远，由已知到未知，深入浅出地讲授，使学生顺利地掌握。

第二，教学内容的有序性。教师必须掌握好教学内容体系，掌握知识与知识之间的衔接关系，并把它很好地反映在教学设计中，力求使新教材与学生已有的知识密切联系起来，逐步扩大和加深学生的知识。但是，在教学实践中，还必须突出重点和难点。学生真正掌握了教学内容的重点，就能以点带面，举一反三；理解难点，就可以突破学习障碍。所以教师应在教科书的重点和难点上多下功夫。

第三，学生学习的有序性。有序性原则，既要体现在教师的活动上，还要体现在学生自身的学习中。学生的学习是一个循序渐进的过程，应该日积月累、系统地进行学习。因此，教师应通过系统传授知识和必要的常规训练，培养学生踏实、系统学习知识的良好习惯。学生在学习过程中，要学会合理地规划学习活动；对所学知识的漏洞或缺陷应及时弥补；坚持在掌握前一段知识后，再进入下一阶段的学习。这样，才能顺利地掌握系统的知识和技能。

四、实践性原则

实践性是指由物理学科特点和学生认知规律所决定的教学实践，还有由物理与技术、物理与社会紧密联系所决定的教学实践。

通常，物理学家总先通过观察与实验认识物理对象特征，再凭借理性思维提出假说，建立理想模型，运用数学对假说进行定量描述，最后还要用观察与实验对定量描述的内容加以检验和修正，使假说成为科学结论，即完成第一层次循环。随着研究的深入，可能会出现一些理论解释不了的新问题，要采用更先进的研究手段，从而进入下一个层次的循环，以达到认识的深入和理论的更趋合理和完善。可见，物理学是以科学观察与实验等实践活动为基础建立起来的科学，物理学的这一特点决定了物理学的概念、规律都植根于观察与实验。

学生学习物理要先获得感性认识，通过观察实验，再现生动、鲜明的物理事实，使教师要教、学生要学的物理知识被活化和物化，这对智力发展水平处于"过渡期"的学生来说，无疑是必不可少的。不重视观察与实验的物理教学是没有完成教学任务的教学；不重视引导学生观察与实验的教师是不负责任的教师；不重视观察与实验的学生是难以学好物理的学生。

实践性原则还要求我们，要坚持物理与技术、社会联系的教学实践。物理科学提供知识，解决理论问题；技术提供应用知识的手段和方法，解决实际问题；社会则要求以一定的价值观念做指导，使物理科学与技术相结合真正造福于社会。众所周知，技术的设备、工艺和相应工程都运用到物理学知识。然而，物理与技术的结合，并不全是造福于社会的。比如，核武器是物理与技术结合的产物，它至今仍在威胁着地球的生存与人类社会的安宁。科学技术是一柄"双刃剑"，用得不好，它不仅不能造福于社会，反而会祸害社会。虽然物理科学理论本身不具有情感、态度与价值观，而物理知识的应用要面向社会，应用物理知识的人具有情感、态度与价值观，因此，我们的物理教育、教学必须坚持把物理知识与现实的生产、生活联系起来，把学习与应用联系起来，让学生在实践中培养起正确的社会责任感，正确的情感、态度与价值观。

五、全面性原则

物理教学中，全面性原则是指师生在认识和做法上要考虑周全。

（一）知识、能力和科学素养的全面提高

物理知识的教学是高中物理教学乃至大学物理教学的主要内容和形式，但它不是唯一的，学生各种能力与科学素养的发展要渗透其中。学生通过演示和各种类型的实验教学，培养自身的观察、实验能力；通过形成物理概念、掌握物理规律的过程，培养自身的各种思维能力；通过物理教材内容中客观存在的辩证唯物的思想、各种科学美的因素、各种严谨求实的事例，陶冶自身的高尚情操与品德……而相当数量的渗透就足以使人能够感知方法并获得各种能力，进而通过不同学科所培养的同一能力的内聚，进一步提高对科学知识以及科学研究过程的理解。另外，对科学、技术和社会三者相互影响的理解，也进一步提高自身的科学素养。因此，知识的学习、能力的培养、科学素养的提高，是须要而且可能在物理教学中统一起来的。在物理教学过程中，无论是教还是学，都要把知识、能力、科学素养三者统一起来。

（二）因材施教，面向全体

高中物理教学必须面向全体学生，注重全面打好物理知识的基础，使每个学生都能有效地学习物理。另外，要承认差异，并根据具体存在的差异，采取不同的教学方法，因材施教，让学生的个性特长在教学过程中得到发展，从而促进物理学习。

（三）继承且发展

学生学习的是前人总结的物理知识和物理技能，这是继承。大量调查表明，学生离开学校后，很难记住也不会用到很深的物理知识和专业性很强的物理研究方法，他们能够长

期记住和受益的是物理学使用的、物理教学倡导的科学思想方法，和物理教学所培养的能力以及非智力因素的发展。

因此，我们要既看到物理学为其他自然科学和工程技术做了奠基，又看到物理学科的文化教育功能，让接受物理教育的每位成员视角更新、更全面。另外，只有学生的自学能力提高了，懂得学什么和怎样学了，其智力水平才算真正提高了。也只有达到这一目标，物理教学才算是成功的教学。

第二章　物理教学设计的基础

第一节　教学设计概述

一、教学设计的概念

简单地说，所谓教学设计，就是对教学进行的分析和策划，即教学设计是针对教学进行的精心计划的活动，其基本出发点是支持并促进学生的学习和发展。教学设计具有以下显著特征：第一，教学设计强调运用系统分析的方法，是教育者和受教育者以及教学目标、过程、评价等多方面因素相互作用的产物；第二，教学设计是以学生为中心进行的，一切围绕学生的学习，强调针对性和灵活性；第三，教学设计是理论和实践相结合的产物，它既有一定的理论色彩，又鲜明地指向教学实践，具有较强的操作性。可见，教学设计对传统的备课有继承性，但教学设计是传统备课的一次革命性的进步。

（一）教学设计的理论基础

作为一门成熟的学科，教学设计除了拥有扎实的实践根基之外，还有着坚实的理论基础。在教学设计领域，人们普遍认为，有四个方面的理论体系对教学设计的孕育、形成、成熟、发展产生了重大的影响。

1. 系统理论

教学是一个由教学目的、教科书、教师、学生、教学方法、教学环境等因素构成的系统，因而系统理论能为教学设计提供指导。系统理论中的整体原理、有序原理和反馈原理等对教师有效整合教学因素、发挥教学系统的整体功能提供了诸多启发。事实上，一般系统理论不仅能够为教学设计提供一种思考和研究问题或事物的方式方法，而且有助于全面地考察教学设计过程中每一个要素的作用和影响，使教学设计向着完成教学任务、实现教学目标的正确方向进行。

2. 学习理论

学习理论的意义在于探索和揭示人类学习过程的本质和规律并以此指导人类的学习活动。例如，行为主义学习理论提出的用可观察行为动词界定各类教学目标（学习目标）并依此进行教学与评价，认知学派学习理论中的信息加工理论提出的"人类的学习过程是一系列信息加工过程"的观点，认知建构理论提出的"学习发生在具体的情境中，只有在具体的情境中，学生才会感受到知识的意义""要引导学生发现原有认知结构与新知识之间的不协调性，然后主动去改变它"以及人本主义学习理论提出的"要注意发挥学生的潜能，包括情感、直觉、创造性、人性"等观点都对教学设计产生了重大的影响。

3. 传播理论

传播理论是关于人类如何运用符号进行社会信息交流的学问，其中的"信息传播是由信息源、信息内容、信息渠道与信息接收者为主要成分的系统""进行信息传播，必须对信息进行编码，考虑信息的结构与顺序是否符合信息接收者的思维与心理顺序""信息不能'超载'，过于密集的信息直接影响传递效果，增加负担""不同信息的注意获得特性不同，有些材料宜于以视觉方式呈现，有些则宜于用听觉方式呈现，有些可以运用多种暗示技巧来增强这种注意获得特性""信息接收者的特性（包括年龄、性别、偏好等）影响着他内在的学习动机""信息源和信息接收者都是积极的主体，传播是一种双向的互动过程"等论述都为教学设计提供了重要的理论指导。此外，传播理论还为教学设计提供了选用教学媒体的技术。

4. 教学理论

教学理论是教学实践经验的总结和系统反映，是教学设计最直接的理论来源。例如，赞科夫发展性教学理论给教学设计的理论指导有：教学设计要面向全体学生；要根据不同课程、不同内容选择不同的教学策略；要尊重学生的主体地位等。又如，布鲁纳结构主义教学理论为教学设计提出的基本要求有：要结合学生特点，科学地选择教学模式；要按照经济性原则合理设计教学内容；要科学设计信息反馈环节与方式等。再如，奥苏泊尔有意义教学理论提出了先行组织者概念，基于这一"概念"开展教学设计的基本步骤是：明确课程目标，提出先行组织者；唤起学生对相关知识和经验的意识；设法让学生理解学习内容与先行组织者的关系，帮助学生寻找新知识与现存认知结构的相关性，固化学生的认知结构等。

（二） 教学设计的层次

教育系统是整个社会的一个子系统，而教学系统又是教育系统中的一个子系统，它本身也是由许多更小的子系统所组成，且这些更小的系统也都具有复杂的结构和层次。这里仅从教学的角度，粗略地将教学设计系统分为两个层次。

1. 以教学规格为中心的层次——教学规格的设计

教学规格设计层次属于宏观设计层次。教学规格设计一般涉及三个方面的设计：首先，根据社会对人才的需求、人的发展需求等，制定培养目标；其次，根据培养目标做出课程设计；最后，根据各门课程的知识结构及其在整个课程体系中的作用和地位，确定每门课程的课程标准。

2. 以课程教学为中心的层次——课程教学的设计

课程教学设计属于中、微观设计层次。其中，对具体某门课程的某个模块（一级主题）或某个二级主题的教学设计属于中观设计层次，对某节课（或某个知识点）的教学过程（或教学过程中的某个环节，如导入环节、提问环节、板书环节、结课环节等）进行的教学设计属于微观设计层次。这里，不妨将前者称为主题（一级主题或二级主题）教学设计，将后者称为课堂教学设计。

通常，主题教学设计的重点是根据课程标准规定的课程目标（包括总目标和具体目标）和课程内容（内容标准），对该课程某个一级主题（模块）或二级主题的具体内容进行分析，在此基础上设计出该一级主题（模块）或该二级主题的学习目标（教学目标）、提出教学建议等。主题教学设计一般由学科教研组或备课组来完成，也可以由相应的教研机构组织学科教师和学科专家共同完成。

课堂教学设计则是在进一步细化上述学习目标的基础上，有针对性地组织教学内容、选择教学方法、模式和教学媒体等，制订出该节课（或该知识点）教学过程（或教学过程中的某个环节）的实施方案，并在制订和实施教学方案的过程之中、之后做出对教学方案的评价、修改和完善。课堂教学设计一般由任课教师独立完成。

二、课堂教学设计的操作流程

课堂教学设计是教师根据现代教育科学理论的基本观点和主张，依据课程目标、课程内容（内容标准），结合教科书内容和学生的实际情况等，对课堂教学活动进行的系统分析、设计、安排与决策，以获得最优化的课堂教学效果的过程。课堂教学设计的操作流程主要由五个方面组成：前期分析、教学目标设计、教学过程设计、教学方案设计和实施、教学设计的评价设计。

（一）前期分析

教学系统作为一个典型的非线性系统，对初始条件具有高度依赖性。科学的前期分析是有效进行教学设计的前提，也是避免后续工作无的放矢和人力、物力浪费的重要保证。教学设计的前期分析包括学习任务分析、学生分析等。

（二）教学目标设计

教学目标设计，是指根据教学设计的前期分析，将期望学生达到的结果性或过程性目标加以明确化和具体化的过程。当然，在实际的教学过程中，教师不应机械地执行预设目标，而要根据教学情境、学生实际等，捕捉动态生成信息，对教学目标不断做出调整、完善，使教学目标具有一定的生成性。

（三）教学过程设计

教学过程是为实现教学任务和达成教学目标，通过对话、沟通和合作，以动态生成的方式推进教学活动的进程，其基本环节和内在逻辑结构都是动态的。但是，动态生成的教学过程并不否定课前教学设计的重要作用。相反，课前的教学过程设计是整个课堂教学设计的核心。

1. 教学顺序设计

教学顺序指教学内容各组成部分的排列次序，决定"先教什么、后教什么"。不同的学习任务和教学目标，其教学顺序和设计方法也不同。例如，言语信息的教学顺序是先提供先行组织者，然后用逻辑的顺序或根据有意义的上下文组织言语信息；智慧技能的教学顺序可以按照加涅所提出的从简单到复杂（辨别、概念、规则、问题解决）、从部分到整体的顺序进行。教学顺序的确定只是相对的，在实际教学中，教师要根据课堂教学情境的发展、变化，灵活调整既定的教学顺序。

2. 教学组织形式设计

教学组织形式，是为实现一定的教学目标，围绕一定的教学内容或学习经验，在一定时空环境中，通过一定的媒体，教师与学生之间相互作用的方式、结构与程序。按照教学单位的规模，教学组织形式可分为个别教学、小组教学和班级授课等。当前，国内外教学组织形式的改革特别强调从单一的集体教学形式向多样化的教学组织形式转变。

3. 学习方式设计

学习方式通常是指学生在完成学习任务时，经常的或偏爱的基本行为和认知取向，它是关于学生"怎样学"的问题。不同的学习方式具有不同的价值追求。新课程倡导丰富多样的学习方式，而不是用一种学习方式取代另一种学习方式。

4. 教学方法设计

教学方法是为实现既定的教学目标，在教学过程中师生共同活动时所采用的一系列办法和措施。教学方法的相对性、针对性、多样性决定了教学方法选择的重要性和复杂性。教师要在现代教学理论的指导下，以教学设计的前期分析为依据，熟练地把握各类教学方法的特性，综合考虑学习任务、学生、教学目标、教学环境条件、教学组织形式以及教师自身特征等因素，合理地选择教学方法并进行优化组合。

5. 教学模式设计

教学模式是指在一定的教学思想或教学理论指导下所形成的关于教学的理想意图及其实施方案。任何一种教学模式都有特定的目标、功能、适用的条件和范围，从来就没有最优的教学模式。教师应从教学实际出发，综合考虑教学目标、教学内容的性质、学生的年龄特点和认知水平、教师的特点、教学所具备的物质条件及教学时间等因素，权衡利弊，选择适当的教学模式。

6. 学习环境设计

学习环境本质上是人为优化了的环境，是促进学生能动地活动于其中的环境。学习环境是促进学生发展的各种支持性条件的统合，这些支持性条件包括各种工具、器材、人、活动、师生关系等。因此，可以认为学习环境是由教学活动的物质载体和教学活动的心理氛围两个部分组成。学习环境中的物质载体是人类实践创造活动的结果，寄寓着人类的求知和审美情趣，能使活动在其间的师生受到激励、支持和陶冶。学习环境中的心理氛围是指由教师、学生、学习内容等共同决定的带有整体弥散性的心理氛围。值得一提的是，随着当前计算机技术、网络通信技术、人工智能与虚拟现实等信息技术的介入，学习环境表现出了活动合作化、情境真实化、资源全球化、工具多样化、学习自主化、评价多元化、师生关系交互化等显著特征。但应注意，学习环境中的技术是为了帮助学生获取信息、发现问题、建构模型和做出决策等，以最有效地支撑学生的问题解决的，它不是简单的传递工具，更不是教师控制课堂和学生的手段。

7. 课堂管理设计

课堂教学管理是师生共同参与，彼此交往，有目的、有计划和多维度地协调课堂内外各种因素，建立有效教学的课堂环境，保持课堂互动、促进课堂生长的动态历程，通常包括物质、制度和文化三个层面。依据促进学生学习、发展的课堂管理取向，课堂管理方式要由"控制"转为"对话"，课堂管理策略要由"惩罚"走向"激励"。

（四）教学方案设计和实施

教学方案是课堂教学设计中各要素分析的"总结性"成果，具有多种多样的形式，如叙述式、表格式、流程图式、框图式以及叙述式和流程图式相结合、叙述式和表格式相结合等形式。无论哪种形式的教学方案的设计，都需要遵从一定的原则，这些原则主要有规范性与创新性并存、理论指导与实际操作结合、要素分析与整体综合统一、教师施教与学生学习协调、静态设计与动态教学兼顾等。

对师范生来讲，教学方案实施的最主要形式是"试讲"。试讲的最主要目的是检验并进一步优化教学设计。

（五）教学设计的评价设计

教学设计的评价是指依据教学目标，运用科学方法，对教学设计的过程（包括各个环节）、结果（主要指教学设计方案）以及结果的实施情况等进行的价值判断。所以，教学设计评价通常采用形成性评价和终结性评价相结合的办法。

第二节　物理教学设计的前期分析

一、学习课程标准

（一）课程标准的地位和作用

国家课程标准是教科书编写、教学、评估和考试命题的依据，是国家管理和评价课程的基础；它体现国家对不同阶段的学生在知识与技能、过程与方法、情感态度与价值观等方面的基本要求，规定各门课程的性质、目标、内容框架，提出教学建议和评价建议。从以上规定可以看出，课程标准具有以下内涵：它是按门类制定的，规定本门课程的性质、目标、内容框架；提出了指导性的教学原则和评价建议，不包括教学重点、难点、时间分配等具体内容；规定了不同阶段学生在知识与技能、过程与方法、情感态度与价值观等方面所应达到的基本要求。

（二）课程的性质

物理学是一门基础自然科学，它所研究的是物质的基本结构、最普遍的相互作用、最一般的运动规律以及所使用的实验手段和思维方法。随着人类对物质世界认识的深入，物理学一方面带动了科学和技术的发展，另一方面推动了文化、经济和社会的发展。物理课程应体现物理学自身及其与文化、经济和社会互动发展的时代要求，肩负起提高学生科学素养、促进学生全面发展的重任。

1. 义务教育课程的性质

义务教育物理课程应综合反映人类在探索物质、相互作用和运动规律等过程中的成果。物理学不仅含有人类探索大自然的知识成果，而且含有探索者的科学思想、科学方法、科学态度和科学精神等。

义务教育物理课程作为科学教育的组成部分，是以提高全体学生科学素养为目标的自然科学基础课程。此阶段的物理课程不仅应注重科学知识的传授和技能的训练，而且应注重对学生学习兴趣、探究能力、创新意识以及科学态度、科学精神等方面的培养。

义务教育物理课程是一门注重实验的自然科学基础课程。此阶段的物理课程应注意让学生经历实验探究过程，学习科学知识和科学探究方法，提高分析问题及解决问题的能力。

义务教育物理课程应注重与生产、生活实际及时代发展的联系。此阶段的物理课程应关注学生的认知特点，加强课程内容与学生生活、现代社会和科技发展的联系，关注技术应用带来的社会进步和问题，培养学生的社会责任感和正确的世界观。

2. 普通高中课程的性质

高中物理是普通高中科学学习领域的一门基础课程，与九年义务教育物理或科学课程相衔接，旨在进一步提高学生的科学素养。

高中物理课程有助于学生继续学习基本的物理知识与技能；体验科学探究过程，了解科学研究方法；增强创新意识和实践能力，发展探索自然、理解自然的兴趣与热情；认识物理学对科技进步以及文化、经济和社会发展的影响；为终身发展、形成科学世界观和科学价值观打下基础。

（三）教育培养目标

义务教育阶段物理教育培养目标是提高全体学生的科学素养；普通高中阶段物理教育培养目标是进一步提高学生的科学素养，满足他们的终身发展需求。

（四）课程基本理念

下面分别对《义务教育物理课程标准》和《普通高中物理课程标准》所倡导的课程基本理念做简单的介绍。

1. 义务教育课程基本理念

面向全体学生，提高学生科学素养。以学生终身发展为本，以提高全体学生科学素养为目标，为每个学生的学习与发展提供机会，关注学生的个体差异，使每个学生学习科学的潜能都得到发展。

从生活走向物理，从物理走向社会。贴近学生生活，符合学生认知特点，激发并保持学生的学习兴趣，让学生通过学习和探索，掌握物理学的基础知识与基本技能，并能将其应用于实践，为以后的学习、生活和工作打下基础。

注意学科渗透，关心科技发展。让学生了解自然界事物的相互联系，注意学科间的联系与渗透，关心科学技术的新进展，关注科技发展给社会进步带来的影响，逐步树立正确的世界观。

提倡教学方式多样化，注重科学探究。在教学中，根据教学目标、教学内容及教学对象灵活采用教学方式，提倡教学方式多样化；注重采用探究式的教学方法，让学生经历探究过程，学习科学方法，培养其创新精神和实践能力；鼓励在物理教学中合理运用信息技术。

注重评价改革导向，促进学生发展。在新的评价观念指导下，构建多元化、发展性的评价体系，注重形成性评价与终结性评价结合，发展性评价与甄别性评价结合，以促进学生科学素养的提高、教师专业素质的发展和物理教学的改进。

2. 普通高中课程基本理念

一是在课程目标上注重提高全体学生的科学素养。普通高中物理课程旨在进一步提高学生的科学素养，从知识与技能、过程与方法、情感态度与价值观三个方面培养学生，为学生终身发展、应对现代社会和未来发展的挑战奠定基础。

二是在课程结构上重视基础，体现课程的选择性。普通高中教育仍属于基础教育，应注重全体学生的共同基础，同时应针对学生的兴趣、发展潜能和今后的职业需求，设计供学生选择的物理课程模块，以满足学生的不同学习需求，促进学生自主地、富有个性地学习。

三是在课程内容上体现时代性、基础性、选择性。普通高中物理课程在内容上应精选学生终身学习必备的基础知识与技能，加强与学生生活、现代社会及科技发展的联系，反映当代科学技术发展的重要成果和新的科学思想，关注物理学的技术应用所带来的社会问题，培养学生的社会参与意识和对社会负责任的态度。

四是在课程实施上注重自主学习，提倡教学方式多样化。普通高中物理课程应促进学生自主学习，让学生积极参与、乐于探究、勇于实验、勤于思考。通过多样化的教学方式，帮助学生学习物理知识与技能，培养其科学探究能力，使其逐步形成科学态度与科学精神。

五是在课程评价上强调更新观念，促进学生发展。普通高中物理课程应体现评价的内在激励功能和诊断功能，关注过程性评价，注意学生的个体差异，帮助学生认识自我、建立自信，促进学生发展。另外，还要通过评价促进教师的提高以及教学实践的改进。

二、学习教科书

（一）教科书简介

教科书简称课本，即根据课程标准和教学原则的要求并考虑学生的认知特点，以简明、准确的文字，系统地阐述一门课程具体内容的教学用书。教科书是课程开发的成果，是物化的课程形式，它看似一个静态的文本，却浓缩了课程的丰富内涵（教育的目标、愿景、逻辑、知识、方法、情感等）。具体来讲：首先，它承载着教育活动的美好愿望，承载着文化的育人价值，承载着教育者的期望与智慧，是直接体现教育思想与旨趣的"蓝图"。其次，教科书内容是精心选择的人类文化的结晶，是适合学生学习、能有效促进学生发展的蕴含着知识与技能、过程与方法、情感态度与价值观的统一。再次，教科书内容的选择与编排是根据知识的逻辑顺序与学生认知心理的发展规律进行选择与编排的，旨在提供给受教育者认识世界最简捷的方法，是受教育者个体社会化与个性化发展的最有效途径和成长发展的食粮。最后，教科书还是教学活动开展的最主要依据。

1. 教科书与课程标准

简单地说，教科书编写必须依据课程标准——教科书的源头在课程标准；教科书是对课程标准的一次再丰富、再创造、再组织；教科书的编写和使用可以检验课程标准的合理性——教科书是课程标准的试金石。

2. 义务教育和普通高中教科书的版本

（1）主要版本

义务教育物理教科书的版本主要有人民教育出版社出版的物理教科书（简称"人教版"）、上海科学技术出版社出版的物理教科书（简称"沪科版"）、江苏科学技术出版社出版的物理教科书（简称"苏科版"）、北京师范大学出版社出版的物理教科书（简称"北师大版"）、上海教育出版社出版的物理教科书（简称"上教版"）、教育科学出版社出版的物理教科书（简称"教科版"）、上海科学技术出版社和广东教育出版社出版的物理教科书（简称"沪粤版"）七个。普通高中物理教科书的版本主要有人民教育出版社出版的物理教科书（简称"人教版"）、上海科技教育出版社出版的物理教科书（简称"沪科教版"）、山东科学技术出版社出版的物理教科书（简称"鲁科版"或"司南版"）、广东教育出版社出版的物理教科书（简称"粤教版"）、教育科学出版社出版的物理教科书（简称"教科版"）五个。

（2）共同特点

尽管不同版本的教科书是由不同人员编写的，但在"根据课程标准和教学原则的要求""考虑学生的认知特点"等基本编写原则的指导下，各个版本的义务教育和普通高中教科书具有以下共同的特点：

①不过分强调知识的逻辑性，注重概念形成的阶段性和学生的可接受性。

②教科书的少数地方有意不把结论写在教科书中，只讲背景（现象、事实等）、只提问题，然后安排活动。

③呈现方式有利于学生学习方式和教师教学方式的转变。

④设计多种形式的学习活动，强调参与意识、探究意识、应用意识。

⑤体现科学·技术·社会（STS）的思想。例如，义务教育教科书内容强调了"从生活走向物理，从物理走向社会"、普通高中教科书内容强调了"贴近学生生活、联系社会实际"等理念。

⑥强调物理学的文化内容。

⑦教科书内容既面向全体学生，又针对不同个体。

⑧重视信息技术与物理课程的整合。

⑨叙述简明、文字优美、版面活泼、时代气息浓，符合学生的心理。

（二）"读"教科书

"用教科书教"是教师经常挂在嘴边的一句话。从字面上看，"用教科书教"与"教教科书"似乎相差无几，但却反映了不同的"教材观"：传统教学中，教科书被视为"圣经"，必须原原本本地被师生"接受"，不得"越雷池一步"，所谓"以本为本"说的就是这个道理；新一轮基础教育课程改革把教科书视为教学的主要资源和教学线索，教科书无非是个"例子"，不能唯教科书。这样，教师在教学中对教科书的处理就从过去的"教教科书"转变成了现在的"用教科书教"。"用教科书教"先要解决"读"教科书的问题。

1. 读懂教科书

"读"教科书的第一重境界应该是读懂教科书，因为只有读懂教科书，才能避免对教科书支离破碎的解读，克服断章取义、误读和错读的现象。读懂教科书的主要标志是把握教科书的主题、知识、知识的组织顺序与结构以及知识的价值取向等。具体来讲，一要搞清教科书说了些什么（包括各类"栏目"中的内容）；二要搞清教科书的重点（地位重要、应用广泛、处于核心地位的知识）是什么、难点（教科书内容中的主要障碍，就是难教、难学之处，具有"相对性"）是什么、关键点（教科书内容中的要害部位，即主要矛盾方面）是什么；价值点（教科书内容的潜在功能，即教科书内容的潜在理论价值、应用价值、能力培养价值和思想教育价值等）是什么，三要搞清教科书是如何组织内容的，四要搞清教科书的地位和作用以及教科书对教师的教和学生的学提出了什么要求；五要搞清教科书蕴含着什么和教科书折射出什么学科教学理念等。需要指出的是，结合具体的教科书内容，认真地学一下"课程标准"，尤其是其中的"课程内容"（"内容标准"），对解决以上这一系列问题将有启发作用。

2. 读透教科书

（1）"放大"教科书细节

教科书细节常常容易被教师忽视。部分教师认为教科书是经专家精心编制的，一定相当到位了，因而教学时不需要再做其他"处理"，只须搬用就行了；他们考虑较多的是如何一字不漏地记住书上所说的并将其通过口述或板书"传递"给学生，较少思考"该如何理解这种说法""有没有更好的说法"等问题。

（2）填补教科书"空白"

现行教科书在许多地方都是通过游戏、对话、实验、表格和图片等方式呈现教学内容，没有既定的结论，只有学生自主活动的建议和过程中的问题提示，或虽给出结论，但结论"不完整""不严密"。这一方面给教师读教科书、学生预习带来了一定的难度，另一方面也为教和学预留了广阔的想象、探究和交流的空间。教师在"读"教科书时，一要弄清楚专家设置"空白""缺省"的真实用心，努力挖掘、拓展其深度和广度；二要科学、合理、有效地构建填补"空白"和"缺省"的对策，使教科书真正成为有效激发学生学习潜能、引导学生自主探究、激励学生自我实现的主要课程资源和"教、学线索"。

（3）引申"栏目"价值

现行教科书根据学生的年龄和心理特点，对版式进行了精心设计，其中最令人耳目一新的是设置了许多小的栏目，使教科书内容更加丰富、多彩，版面更加生动、活泼。利用并引申栏目价值，也是体现"读透"教科书的重要方面。

这里有必要重点指出的是：现行教科书的"例题""问题与练习"栏目非常注重培养学生分析、综合、判断、推理等思维能力，注重培养学生解决实际问题能力和对物理学的积极情感体验，在编排上注重利用实际情景设计开放性的问题，为教师创造性地组织教学提供了丰富的课程资源。为此，教师要用好教科书"例题""问题与练习"栏目中的每一则例题和每一个问题、每一道练习，发挥好这两个栏目的知识功能、教育功能和评价功能，在此基础上，通过"变式"处理（包括改变"问题"的情境、改变解"题"的策略，在结果的应用上拓展和学生的兴趣上拓展等，这也是缓解教科书例题、问题、练习虽"精心选编"但"众口难调"的矛盾的好办法），拓展学生的思维空间和实践空间，促进学生知识、技能、思维品质、智力、非智力等的提高。

总之，读透教科书，就是以教科书作为原型和范例，在依托和尊重教科书的基础上，根据实际情况对教科书进行适度的"放大""填补"和引申，挖掘教科书资源的深层价值，最大限度地发挥教科书的功能。

3. 读活教科书

新一轮基础教育课程改革要求教师"创造性地使用教科书"，这就要求"读"教科书不能囿于教科书，而要超越教科书，这也是"读"教科书的最高境界。一方面，教科书所承载的知识、方法以及各种案例都只是一种素材、一个方向、一个范例、一种经历，对使用它的学生和教师来说，它是单调的、"静态"的、结果性的东西，要让教科书丰富、生动、过程化，则需要学生的真情投入和教师的积极引导，需要周围环境与问题情境、与师生的水乳交融，而这些恰恰是教科书无法提供、也不可能提供的。另一方面，无论多好的教科书，它都只是少数专家特别是学科专家编写的，都是为一定学生群体编写的，且编写、出版都要经过一定的时间，因此不可避免地会带有远离学生的生活世界，很难反映不同地区、不同学校和学生的差异性与多样性，落后于社会生活和科技发展实际等弊病。

此外，作为信息载体和信息传输手段，教科书这种纸质印刷、以语言符号为传媒的作用还十分有限。为此，教师要树立两种观念和意识：一是"我就是教科书"的观念和意识，努力将自己无形的知识、经验以及感悟与有形的教科书互动、与学生分享。二是"我就是教科书的建设者和开发者"的观念和意识，勇于对教科书提出挑战，通过删减、增补、调序、重组、纠正等途径，将自己对教科书的深刻领会和独到见解融入教科书，创造性地设计出更加接"地气"的教学活动方案；挖掘和利用贮存在学生身上的有用资源，如学生的情绪资源、知识资源、问题资源、错误资源和差异资源等，积极尝试让学生成为学习内容的建构者和组织者；合理利用新颖的实验、教学挂图、实物模型、投影片、计算机辅助学习软件以及电视、广播、报纸、杂志、网络等一切可以利用和值得利用的学习材料来辅助、充实教科书，克服教科书的局限性。除此之外，教师还应该让学生明白，自己对教科书做出的解释以及所传授的内容也都不具备终极意义，学生完全可以基于自己的知识、经验和思维方式，提出不同于教师的对教科书的解读。

这样，通过教师与学生的平等协商，一种基于教科书但又超越教科书的教学内容和学习内容便可以建构起来。总之，读活—超越教科书，就是要在复杂的教学情境中与学生共同创生教科书。

三、备学生

"了解学生才能教育学生"，这是教育的金规铁律。然而，这样的一条金规铁律却常常在教师进行教学设计时被浅化、粗化和僵化了：知道设计教学要考虑学生的存在，但在实际备学生时，存在目的狭隘、内容缺失、方法单一等问题。所以，厘清备学生为了什么、备学生应该备些什么和备学生应该如何设计教学是很有必要的。

（一）备学生的必要性

美国教育心理学家戴维·保罗·奥苏贝尔（David Pawl Ausubel）在其所著的《教育心理学》一书的扉页上写了这样一句话："如果我不得不把全部的教育心理学还原为一句话，我将会说，影响学习的唯一的、最重要的因素是学生已经知道了什么。要探明这一点，并据此去进行教学。"这句话实际上揭示了一个最基本的道理，那就是：学生现有的"情况""特点"是一切教学活动的起点。所以，全面、真实地了解、分析和把握学生的现有情况、特点，是保证教师的教学活动贴近所有学生、落在他们的最近发展区，进而通过教学使他们能够更加生动和主动地学习，并在各自原有基础上获得不同程度发展的前提条件。

（二）备学生要备什么

备学生要备的东西很多，如学生的知识（经验）基础、个性特征、注意特点、记忆特点、经验（知识）转化、学习需求、学习困难、思维发展水平、认知风格以及兴趣、习惯、意志等。这里限于篇幅，仅对其中的某些方面进行简要的说明和举例。

1. 备知识基础

现代学习观认为，学习就是用已经知道和相信的知识建构和理解新知识。学生已有的知识基础是影响学习活动进行的重要因素。无论是对新现象的观察和对新问题的发现，还是对新知识的建构和对新问题的解决，都是建立在一定的知识基础之上的。因此，备学生必须先了解清楚学生的知识基础，了解新现象、新问题、新知识等与学生已有知识之间的"交集"或关联性，进而准确、合理地找到教学的起点和衔接点。

学习是循序渐进的，理解和掌握较高层次的知识必须以与此相联系的较低层次的知识的掌握为前提。尤其是同类知识，要提升到更高的层次就更需要有原有知识做铺垫。从回忆、提问、做习题等教学活动开始，对照新的学习情境发现问题，实现以旧引新、温故知新，会使学生感到新知识并不陌生，这也有利于引导学生真正参与学习的过程，进而促进学生在已有的认知结构上生长出"新天地"。

2. 备经验转化

从教学的基本特征和认识的本质来看，教学不应只是传授新知识，而应在学生新旧经验发生连接和以旧经验建构新经验时提供必要的明示和暗示，更应在学生已有经验与新的认知发生冲突的时候，帮助学生矫正、修改已有经验，从而完成新知识的意义建构和新问题的意义解决。所以，就教学来讲，尊重和利用学生科学的个体经验固然重要，但了解、尊重和善待学生不完整或者不科学的个体经验同样重要，甚至更加重要。

3. 备学习需求

需求是由现实和渴望之间的差距（或差异）所引起的，它既可以表现为结果的差异，也可以表现为人们的心理体验或现实情境中存在的问题。备学习需求的基本任务是收集学生学习需求的有关信息，分析、确定教学的现实结果和学生的渴望结果之间的差距，进而预设"弥补"差距、满足需求的方法和途径。

面对课堂上出现的学生突如其来的质疑，教师必须迅速判断其"轻""重""缓""急"，或"顺水推舟"、及时解决，或"好言相劝"、课后处理。但不管怎样，都要求教师注意"经验"积累，尤其要注意收集学生学习需求的有关信息；挖掘和追求教学内容的延伸义、拓展义，要对教学内容有全面、准确的理解；拓宽知识面、丰富本学科以外的相关背景知识；结合学生的个体经验，预期学生可能提出的问题，预设好解决问题的策略。唯有这样，教师的教学才可能最大限度地满足学生的学习需求。

4. 备思维发展水平

学生学习活动的核心是思维活动，学生的思维发展水平是制约学生学习活动的最根本因素。因此，备学生思维发展水平是备学生的重中之重。备学生思维发展水平首先要了解学生总的思维发展特征。

课堂上学生思维活动的质和量是衡量课堂教学效果好坏的重要标志。"留白"延迟判断、引申、质疑和暗示、点拨等，是引发学生深度思维、优质思维的有效手段。

5. 备认知风格

"人生而平等，但人生而不同。"认知风格是指学生在认知活动中习惯采用的方式、方法。心理学上，根据学生学习时所受到的环境影响大小差异，将认知风格分为"场独立型"和"场依存型"；根据学生进行信息加工、形成假设，最终解决问题的速度和准确性的差异，将认知风格分为"沉思型"和"冲动型"等。其实，在实践中，教师也经常会发现：同一个班级中，有些学生倾向于视觉学习，有些学生倾向于听觉学习，有些学生倾向于动觉学习；有些偏于直觉的或感知的，有些偏于图像的或语言的，有些偏于归纳的或演绎的；有些偏于外向的（同他人合作），有些偏于内向的（反思型），有些适合于多种方式学习等。值得指出的是，每种认知风格都具有自己的优势和局限，即对于某种认知风格，我们无法断言它是好还是坏，而只能说它是不是适合于当前的情境。所以，对教师来说，备学生的认知风格，其主要目的在于使教学内容的删选、教学方法的选择、教学媒体的使用等适合于学生的认知风格。简言之，要为学生提供适合于他认知风格的教学。

（三）备学生的方法

全面、真实地备学生是优化教学设计、优化教学，促进学生学习的前提。但是，如何全面、真实地了解、分析和把握学生的现实情况、特点，以便更加有针对性地利用和开发学生的优势和潜力，弥补、干预和纠正学生学习中的漏洞、问题和错误，促进学生生动、主动和高效学习呢？显然，仅凭教师的直觉、想象和估计等是肯定不够的。下面简要地介绍三种常用的备学生的方法。

1. 调查研究

调查研究是指教师通过问卷、访谈等形式，获得关于学生现实的信息和资料，进而根据有关的差距、重点和需要等进行分析、研究、推断、决策。

2. "作品" 研究

"作品" 研究是指教师通过对学生作业、实验报告、测验或考试卷以及小制作、小发明等的评阅，发现、揭示学生现有情况、特点，从而及时地进行跟踪、记录、统计、分析、决策。

3. 文献研究

文献研究是指教师通过收集、阅读和分析报刊和著作中的相关文献，了解他人在研究学生、备学生方面的研究成果；获得有价值的决策和启示。

教学的根本目的是促进学生的发展，教学过程中最重要的任务是促进学生的学习，发展学生的主体性。因此，设计教学的过程首先应该是深入备学生的过程。唯有这样，教学才不至于成为偶然性的、独断的教学，不至于成为束缚学生"天性"的教学。

第三节 物理教学的目标设计

什么是教学目标？粗略地说，就是教学的价值期待。广义的教学目标包括四个层次：培养目标、课程目标、内容标准和课时教学目标。

其中，培养目标、课程目标和内容标准通常是由国家或教育行政部门委托少数专家制定、最终以法律或文件等形式发布的，它们反映了整个教育系统的基本方向和对学习者发展的期待，具有高度原则性、抽象性和概括性。

课时教学目标则属于具体、个别的目标，是对教学成果最低限度的要求，也是所有学习者经过努力都能够实际达到的目标，因而历来为一线教师所重视。下面所谈的教学目标特指课时教学目标。

一、教学目标的作用

从教学设计的环节来看，设计教学目标的作用是通过明确教学活动的目标，可以达到目标的最优的内容与方法，并最终成为评价教学活动结果的一种标准。若将视阈从教学设计拓展到整个教学活动，则设计教学目标的作用将至少体现在以下三个方面：

（一）激励作用

人是有认知需要的，当认知需要带着清晰和明确的目标意识进入人的行为领域并与行为发生相互作用时，动机便形成了。所以，教学目标有利于激发学生的学习积极性和学习动机。当然，要使教学目标的激励作用发挥好，就要注意在设计教学目标时，让教学目标高低适宜、难易适度。

（二）定向作用

教学目标设计以后，教师便可以根据目标来确定教学内容、设计学习情境、选择教学方法和教学媒体、编制学习评价等。就可以通过不断的信息反馈，一次又一次地纠正教学中出现的"偏差"，使教学活动紧紧围绕教学目标的实现来进行，从而避免教学时间、学生学习精力、教学设备等的浪费。

（三）评价作用

学习评价是提高教学质量的重要环节，而学习评价的标准应该来源于教学目标。也就是说，如果设计的教学目标是适当的，那么教师就可以（且应该）把教学目标作为编制测验，检测学生学习效果的依据。这里顺便指出：传统的学习测验常常是基于常模参照的测验（以学生团体中的平均成绩或某一"分数线"作为参照，说明某一学生在该团体中的相对位置进而将学生分类排队的测验，如中考、高考等），由于这种测验没有按一定的目标（标准）进行评价，所以无法为学生提供其学习进步与否的真实情况。目标参照测验（以课程标准或考试大纲中规定的目标作为参照物的测验，如高中阶段的学业水平测验即所谓的"小高考"等）能以可靠的数据显示学习的效果是否达到或在何种程度上达到既定的教学目标，因而是真正应该倡导和实施的学生学习测验的方式。

二、教学目标的设计依据

设计教学目标要考虑的因素有很多，如课程标准、教科书、学情、教情、班情、校情和教学时间等。下面重点讨论前三个因素。

（一）课程标准

主要是课程标准中的课程目标和课程内容（内容标准）。前者是一个完整的科学体系，是我们确定教学目标的行动指针，通常要从以下三个方面去认真解读：课程目标怎样体现了时代对人才素质的要求；课程目标贯彻了怎样的课程理念；课程目标反映了本门学科知识领域与教学探索（包括理论和实践）的哪些新成果和新发展。后者规定了在不同阶段，学生物理课程学习的基本内容和应该达到的基本要求，教师只有细心研读这些基本内容和基本要求，才能深刻领会其中的要义，只有领会了其中的要义，才能在教学实践中对教学目标进行准确定位。事实上，如果不考虑其他"依据"，那么教学目标通常可以通过对课程目标和课程内容（内容标准），特别是课程内容（内容标准）进行"分解"来确定。

（二）教科书

教科书是根据课程标准的基本理念和目标、依据学生的认知规律和发展水平、考虑了教师和社会等多方面因素编写的，它在为教学提供了最为直接的教学素材和组织线索的同时，也间接地揭示了教学"理所应该"给学生带来的三个目标维度上的变化的期待。所以，要认真研读教科书，领会教科书编写的指导思想，寻找课程标准在教科书中的渗透痕迹，理解教科书内容选取和编排的用意，最终"吃准"教科书文本的价值取向。为此，一要读懂教科书，即要搞清教科书说了些什么、教科书的"四点"（重点、难点、关键点和价值点）是什么、教科书是如何呈现内容的、教科书的地位和作用怎样、教科书折射出什么学科教学理念、教科书对教师的教和学生的学提出了什么要求等。二要读透教科书，即要以教科书作为原型和范例，在依托和尊重教科书的基础上，根据实际情况对教科书进行适度的"放大""填补"和引申，挖掘教科书的深层价值。三要读活教科书，即要通过删减、增补、调序、重组、纠正等途径，将自己对教科书的深刻领会和独到见解融入教科书，将其他一切可以利用和值得利用的教学资源充实进教科书，克服教科书的种种局限性。总之，只有研读好教科书，才能将知识与技能、过程与方法、情感·态度·价值观三维目标从教科书中重新挖掘出来、有机地统一起来，并且在实践过程中发挥好激励、定向、评价等作用。

（三）学情

这里需要强调的是，设计教学目标不能忽视对学情的分析和把握。学情是指与学生学习相关的一切因素，如学生的学习态度、知识基础（包括经验）、学习需求、学习困难、思维发展水平、认知风格以及兴趣、习惯、意志等。这些因素对教学目标设计的影响有不同的特点，有的是经常起作用的，有的是随着时间、内容的变化而变化的，有的影响大些，有的影响小些，这就要求教师能够具体问题具体分析。例如，学生的知识基础是教学的起点，更是设计教学目标的起点。为此，教师要实时了解和研究学生的学习准备情况，包括了解和研究学生的"现有发展区"，即学生已经具备了哪些相关的知识与技能；了解学生的"最近发展区"，即了解学生具备的、"跳一跳"就能够达到的"潜质"在哪里、有哪些；了解学生在从现有发展区向最近发展区转化的过程中可能产生的困难等。这样，设计教学目标才能真正做到恰如其分。

三、教学目标的设计要求

在进行教学目标的设计时，应注意遵循以下四项基本要求：整体性、适切性、可观测性和要素性。

（一）整体性

义务教育和普通高中物理课程标准把物理课程具体目标分为"知识与技能""过程与方法"和"情感·态度·价值观"三个维度，知识即现象、事实、概念、原理、规律等；技能即动作技能以及观察、实验、阅读、计算、调查等技能；过程与方法是指人类认知的过程与方法、学生获得和应用知识的过程与方法以及他们在认知过程中人际交往的过程与方法等；情感·态度·价值观一般包括对自己、对他人、对自然、对文化以及相互关系的情感、态度、价值判断和做事应具备的科学态度、科学精神等。显然，三维目标相互联系、相互促进、相互制约，是一个有机整体。所以，在设计教学目标的内容范围时，要首先树立这种整体意识，要全面考虑三个维度，不能只注重知识与技能维度的目标，忽视其他维度的目标。当然，在具体撰写教学目标时，既可以采取"条分缕析"的办法，也可以采取"渗透统整"的办法。

这里要特别指出的是，情感·态度·价值观的教学应该采取弥漫式的、渗透式的教学，是一种伴随着对知识和技能、过程和方法的反思、批判、运用而进行的教学，因而不能游离于教材之外、教学过程之外，游离于教学内容和教学任务之外，任何脱离具体内容和特定情境，孤立地、人为地、机械生硬地进行情感·态度·价值观教学的行为都将是空洞无力的、无效或低效的。因此，设计情感·态度·价值观教学目标要注意联系具体内容和特定情境，要有机地、客观地、自然地进行设计。

（二）适切性

所谓适切性，是指教学目标的设计要立足学生现有发展区，着眼学生最近发展区；要明确教科书内容的深度、广度和"四点"，明确教学目标的维度与层次；要同步考虑课堂教学的调控手段，防止教学目标与教学过程脱节；要考虑课堂教学效果的评价（包括考虑课堂达标练习的内容），防止教学目标这根"方向"之矢失去"归宿"等。此外，还要注意教学目标和具体课型相适应，因为一般来说不同的课型，其教学目标的侧重点也应有所不同。例如，新授课的目标要明确学生应掌握哪些新的物理知识、应理解到什么深度与广度、应学会哪些基本的技能和方法等。又如，复习课的目标应重点体现知识的归纳、综合和解决问题能力的提高以及优良认知结构和良好学习习惯的养成和培养等。再如，实验课的目标应明确要掌握哪些实验器材的使用、掌握哪些实验方法、锻炼哪些实际操作能力、明确如何满足学生的求知需要、参与需要等。

(三) 可观测性

物理教学目标本质上就是物理学习目标，它表现为学生通过物理学习后应当产生的结果，这种结果是以教学完成时学生应该达到的学习水平为标志的。所以，教师在设计教学目标——"要去哪里"时，就应该不仅知道通过哪些内容和方法来实现目标——"如何去那里"，而且还应该知道通过哪些手段和途径来检测目标的达成情况——"怎么判断已经到达了那里"。也就是说，物理教学目标（自然也是物理教学效果的检测标准）的设计应力求明确、具体，可以观察和测量，应尽量避免用含糊的和不切实际的语言陈述目标。

(四) 要素性

首先，教学目标不是对教师教学行为进行的描述，而是指学生的学习结果。所以，教学目标的主体是学生，即在用语言文字表述教学目标时，主语应该是学生。其次，教学目标要能说明通过教学后学生能够做些什么（或说些什么或具备什么倾向等）。所以，在教学目标的表述中要有用来描述教学后学生行为（或倾向等）的那些动词。再次，设计教学目标时，应考虑到学生行为的产生条件，即明确上述行为（或倾向等）是在什么条件下产生的，例如，是通过自学还是小组讨论、是借助实验还是借助推理等。最后，为了确保教学目标的可测性，教学目标设计时还要考虑的一个要素是行为标准，包括熟练程度、精确程度、所需时间等。总之，设计和表述教学目标时，应该从学生（Audience，缩写为 A）出发，清晰地陈述学习的行为（Behaviour，缩写为 B）、条件（Conditions，缩写为 C）以及程度（Degree，缩写为 D）。例如，"通过阅读和交流，80%以上的学生能够说出电流的产生条件"鲜明地体现了 A、B、C、D 这四项基本要素，因而是符合"规范"的教学目标表述。当然，有些时候，在能够表达清楚意思的前提下，为了简练表述，常将四个要素中的一个甚至两个省略掉，例如，"能举例说明力是物体间的相互作用""能采用教科书提供的方法测定自己的反应时间""体会用作图法处理实验数据的直观性""会连接简单的串联电路和并联电路"等也都是可以的，而"通过实验探究，让学生知道影响响度的因素，掌握响度与振幅的具体关系"则明显是犯了行为主体错位的"错"。

要指出的是，设计教学目标除了要注意遵循上面的四项要求外，还要注意体现一定的弹性，这样可以为鼓励课堂上生成新情境、新知识、新经验和新思维留有必要的"余地"。

综上所述，"有效的教学始于知道希望达到的教学目标是什么"（布鲁姆）。教学目标是课堂教学的灵魂，它规定着课堂教学活动的方向、进程和预期的结果，决定着学生最终所要达到的学习效果。教学目标设计得当了，教学的过程才可能真正成为激励、引导和促进学生朝着目标所要求的方向产生变化的过程。

第三章 物理课程资源与教学设计

第一节 物理课程资源及其分类

一、物理课程资源

（一）课程与课程资源

当你看到教学资源这个词时，肯定会想到课程资源，进而会问，课程资源和教学资源指的是什么？这两者之间有什么样的关系？我们可以简单地回答这个问题，那就是教学资源是课程资源的一部分，而物理教学资源自然也是教学资源的一部分。课程资源、教学资源和物理教学资源三者之间是包容的关系。

新一轮课程改革把课程资源放到一个十分重要的位置，随着课程改革的持续深入推进，课程资源建设与利用的重要性日益凸现出来，可以说没有课程资源的支持，课程的理念和目标就难以实现。

课程资源（Curriculum Resource）与课程存在着密切的关系，没有课程资源也就无从谈课程。一方面课程资源是课程的前提，它是课程开发与课程实施的素材和条件，即是课程的来源和母体，课程资源只有经过选择加工并付诸实施才能真正进入课程；另一方面有课程就一定有相应的课程资源作为前提，课程实施的范围与水平取决于课程资源的丰富程度和开发运用水平。

（二）物理课程资源内容

在物理教学的过程中，我们每天都在利用相关的物理教学资源。我们知道，在具体的教学实践中，对于同一个教学内容，不同教师的授课方法、表达形式、研究方向和思考的角度是有很大区别的，这些区别与教师拥有的物理教学资源有密切的联系。一个教师拥有的物理教学资源越多，他的教学就越形象、生动、风趣和有效，越受学生的喜爱；一个教师拥有的物理教学资源越丰富，他的教学就越能左右逢源、水到渠成、深入浅出、化难为易，变抽象为具体、变复杂为简单。因此，我们可以这样认为，凡是能为达成物理教学目标提供服务的图书资料、仪器设备、思维方法、自然现象和日常生活等的总和，称为物理教学资源。我们就学习中可用的主要物理教学资源进行一个分类（如表 3-1），表中的分类项目有包含，也有交叉，从中可以对物理教学资源有更进一步的认识。

表 3-1　主要物理教学资源分类

教具类	粉笔、黑板、小黑板、黑板擦、备课本、批改作业用的红笔、三角板、刻度尺
图书资料类	教科书、教学参考书、教辅读物、练习册、报纸杂志
仪器设备类	实验室、实验器材（如电流表、电压表、打点计时器之类）、投影仪
教师进修类	听公开课、观看示范课、参加教研活动、听专家报告、外出交流学习
辅助教学类	录音带、录像带、幻灯片、教学挂图、科学家画像及名言
现代技术类	CD、VCD、光盘、计算机、互联网、数码摄像机、数码录音机、多功能电教室

　　物理课程资源的概念是建立在课程资源的基础之上的。物理课程资源有广义和狭义之分：广义的物理课程资源指与形成物理课程有关的一切因素来源（包括直接的和间接的来源）及实施物理课程的必要而直接的条件；狭义的物理课程资源则仅指形成物理课程的直接因素来源（如物理知识与技能、探求物理知识的过程与方法、科学态度与价值观等）及实施物理课程时的一些必备条件（如学生、物理教师、物理实验室、教室以及物理教学环境等）。也就是说，凡是能为达成物理教学目标提供服务的图书资料、仪器设备、思维方法、自然现象和日常生活等可资利用的资源（包括教材、教师的特长素质、学生的经验经历、家长以及学校、网络、家庭和地方社区中所有有利于实现物理课程目标、促进物理教师专业成长和学生个性的全面发展的各种资源）的总和，称为物理课程资源。

　　教科书、教辅用书、练习册等一直是我国学校教育的主要课程资源，但并非课程资源的全部内容。其实，课程资源的内涵极其丰富，尽管课程标准、教材、教学用书等只是构成一门课程的重要元素，也是课程实施所必需的。但要使课程发挥更大的功能，最大限度地促进学生的全面而有个性的发展，教师在教学过程中，还须要经常准备挂图、模型、投影片、录像、录音、课件等来辅助教学，经常用到各种演示实验或组织学生实验。为了课程的有效实施，教师总是有意识地从各种科技图书、报刊、电视、各种视听光盘中收集课程实施所需要的资源。

（三）身边的物理教学资源

对待物理教学资源，很多教师认为主要是由上级教育部门配发的教科书、实验器材，或者是高新技术、昂贵的实验仪器等。其实不然。我们身边处处都是物理教学资源，只要我们有教学资源的意识，就能充分挖掘身边潜在的教学资源。下面我们按题材列出一些可开发和利用的物理教学资源，供广大教师参考和选用。

农村题材：犁、耙、镰刀、铁锹、锄头、风车、扁担、手推车、打谷机，高山蓄水与小型水电站；人耕地、牛耕地和手扶拖拉机耕地与功率问题；晒稻谷、烧开水、架柴烧火的诀窍等。

城市题材：高楼大厦与高空坠物的危险，玻璃墙与光污染，车水马龙与噪声，汽车、摩托车与空气污染，红绿灯与交通安全等。

商场题材：升降机、电梯、自动门、灯光、音响等。

家庭题材：各种家用电器、厨房里的物理等。

体育题材：投掷运动、球类运动、田径运动、跳水运动等，涉及物理学中几乎所有的力学知识，如质点、位移、时间、时刻、平均速度、瞬时速度、加速度、力、力的合成与分解、直线运动、曲线运动、抛体运动、能的转化与守恒等。

学生题材：文具盒、三角板、笔、纸张设计小实验；背书包、骑自行车与物理学知识；一天中能的转化与补充；小组学习、合作学习、交流与讨论、互帮互助、共同研究。

教师题材：教学设计、教学随笔、教学心得、教学体会、教学反思和教学论文等是非常丰富的经验型教学资源。

人力资源：专家、教授、学者、大学生、技术员、工厂工人等。

二、物理课程资源的分类

物理课程资源具有多样性和价值潜在性特点，这要求物理教师要独具慧眼，善于在多样化的、良莠不齐的课程资源中挖掘有价值的、有效的物理课程资源，在教学设计中加以利用。课程资源的科学分类对课程资源的开发具有重要的指导意义。

（一）物理素材性课程资源与条件性课程资源

"物理素材性课程资源"指作用于课程且能够成为课程的基本素材或来源，如物理教科书、教师和学生的教学参考用书、科技图书、录像带、视听光盘、计算机教学软件、报刊等属于素材性课程的资源。物理条件性课程资源多指直接决定物理课程实施范围和水平的人力、物力、时间、媒介、设施、环境，以及对课程认识状况、观念以及心理准备等。现实中许多课程资源既包含着课程的素材，又包含着课程的条件，如学校现有教学设施，包括图书馆、实验室以及互联网络、科技馆、展览馆和博物馆，等等。

（二）物理校内课程资源和校外课程资源

校内课程资源包括：与物理学习和教学相关的校藏书刊、校内的各种场所设施、校内人文资源、校园校风、学风、各种教育活动、校办工厂、校园网、校内教师员工、学生等人员。校外课程资源包括学生家庭、社区乃至整个社会中各种可用于教育教学活动的设施和条件以及丰富的自然资源。其中，社区的图书馆、科技馆、博物馆、游乐园（游乐园中与物理知识相关的设施）、气象站、地震台、水文台、工厂、农村、部队以及科研院所等都是宝贵的物理课程资源。学生家长与学生家庭的图书、报刊、电脑、学习工具等也是不可忽视的课程资源。也有学者在空间分布维度上细化，将物理课程资源分为课堂内的物理课程资源、校外的物理课程资源以及介于两者之间的物理课程资源。课堂内的物理课程资源是教师有意构建的有利于物理课堂教学的课程资源，校外的物理课程资源则是校外的各种社会机构提供的有助于学生物理学习的课程资源，而介于两者之间的物理课程资源则指物理教师没有意识到它的作用，但对学生的物理学习提供较大帮助的课程资源，这部分物理课程资源与校外物理课程资源的最大区别在于学生每天都能感受到，它能帮助学生理解和应用所学的物理知识。

（三）物理自然课程资源和社会课程资源

物理自然课程资源指可以作为物理课程资源开发和利用的自然资源。如太阳光、水（如树枝上的水珠可用于全反射教学）等自然景观和现象都可以成为物理课程资源。社会课程资源包括生活实践、家庭教育、社区设施、人文环境等，主要来源于报刊、电视、科技馆、公共图书馆以及工厂、农村、科研单位、大专院校等。

（四）物理的显性课程资源和隐性课程资源

物理显性课程资源是指看得见、摸得着，能为教师和学生所感知，学生和教师自己很容易开发或者别人已经开发好可以直接运用于教育教学活动的物理课程资源，如教科书、学校实验室的各种实验仪器、教师的教学活动和学生的学习活动等。物理隐性课程资源一般是指以潜在的方式对物理教育教学活动施加影响的课程资源，例如学校和社会风气、家庭气氛、师生关系等。物理隐性课程资源要经过教师和学生的深入思考和分析才能充分挖掘出来，它的有效开发与利用取决于教师的综合素质水平和学生的思维水平。

第二节　物理课程资源在教学设计中的作用

一、物理课程资源的开发和利用

（一）课程资源的筛选

从课程理论的角度讲，至少要经过三个方面的过滤筛选才能确定课程资源的开发价值。第一个是教育哲学，即课程资源是否有利于实现教育的理想和办学的宗旨，是否反映社会的发展需要和进步方向；第二个是学习理论，即课程资源是否与学生学习的内部条件相一致，是否符合学生身心发展的特点，是否满足学生的兴趣爱好和发展需求；第三个是教学理论，即课程资源是否能与教师教育教学修养的现实水平相适应。

（二）开发利用物理课程资源应遵循的原则

1. 开发物理课程资源应遵循的原则

（1）以人为本的原则

所有资源的开发应把人力资源的开发放在首位，充分调动广大物理教师、学生及其他相关工作人员的主动性和积极性，充分挖掘人力资源的潜力，并且在开发中要始终以满足学生的发展需要为中心。

（2）可行性的原则

开发前一定要对自己及其合作者的开发能力有一个比较准确的定位，量力而行、因地制宜，以免半途而废。此外，还要考虑到开发出来的课程资源对学生教育的可行性，以免造成资源开发上的浪费。

（3）效益性原则

对资源可能产生的效果和所需付出的开发代价进行科学论证，坚决避开那些代价高而作用小的资源开发，要把主要精力放在"经济实用"的物理课程资源开发上。

（4）实验资源优先开发的原则

物理学是一门以实验为基础的学科，物理理论的得出是建立在大量实验事实的基础上，物理理论的正确性最后还得靠实验的检验，因而物理实验资源对物理理论的教学起着至关重要的作用。从学生的认知特点来看，直观性极强的物理实验对学生学习兴趣的激发很有效，学生通过实验现象所获得的感性认识将对物理学习产生良好的导向与激励作用。

2. 利用物理课程资源的原则

（1）科学性原则

科学性原则包括使用科学的物理课程资源和科学地使用好物理课程资源。首先，所使用的物理课程资源本身必须符合自然界发展的客观规律，是建立在科学事实基础上的资源。其次，物理教师还要以学生的发展为中心来组织各种资源促进学生学习物理课程，利用的资源必须落在学生认知发展水平的"最近发展区"内，过于简单或过于深奥的资源都不利于物理课程的学习。

（2）教育性原则

不同的资源会体现出不同的教育价值，同一种课程资源在不同的物理内容或教育对象面前也会体现出不同的教育价值。因此，利用物理课程资源既要抓住有利时机，又必须能最大限度地体现物理课程资源的教育价值。

（3）实效性原则

坚持实效性原则必须关注每一种物理课程资源的实际使用效果，要结合当地的地域特色、文化背景及学生的个性特点，选择那些能给学生带来最大效果的资源帮助学生学习物理课程，这样才能做到因材施教，确保高效而有意义的学习。

（4）针对性原则

一般来说不同物理课程资源对于特定的物理课程目标具有不同的作用和功能，因此，不同的物理课程目标就须要利用不同的物理课程资源。但是，由于物理课程资源本身的多质性，同一物理课程资源又可以服务于不同的课程目标。因此坚持针对性原则，物理课程资源的开发与利用就必须在明确物理课程目标的前提下，认真分析与物理课程目标相关的各类物理课程资源，认识和掌握其各自的性质和特点，这样才能保证物理课程资源利用的针对性及其有效性。

（5）简约性原则

物理课程资源利用的简约性原则是指在利用物理课程资源过程中不要进行资源的简单堆砌，而是要精选精用，力争用最简单的课程资源来揭示尽可能多的复杂而深奥的物理本质，使学生的物理学习过程变得简单而有效。在通电直导线在磁场中运动的专题教学中，学生普遍对导线、磁场方向及斜面的空间位置关系模糊不清，从而导致无法准确地描述出导线所受各力的方向和导线的运动规律。对此，可以让学生用书本代替斜面（在桌面上把书本的一角垫高即可），用红色的笔代替导线（笔尖的方向代替电流的方向），用黑色的笔代替磁场的方向（让笔尖的方向与磁场的方向一致），然后按问题的要求把问题所描述的空间模型搭建起来，学生在此基础上分析出重力、支持力、摩擦力和安培力的方向，最后对照实际搭建的空间模型按不同的视角作出力在空间的截面图，借助力学、运动学及牛顿运动定律的有关知识进行分析，就能使一些复杂问题迎刃而解。

二、课程资源在物理教学设计中的作用

（一）课程资源是物理教学设计的基础

物理教学设计是由教师在课前根据教学内容、学生特点、教学环境等多方面因素，通过创造性劳动完成的。但是，教师在进行教学设计时不能凭空想象，必须考虑到现有的课程资源。由于课程资源是物理教学设计的基础，如果现实中不具备教学设计中必备的课程资源，再好的想法都难以付诸教学实践。总之，课程资源是教学设计的基础，它制约着教师的教学设计，没有相应的课程资源教学设计就无从谈起。

（二）开发课程资源是保证教学设计付诸实施的关键

课程资源严重制约着教师的教学设计。没有相应的课程资源，教师就不能将自己原有的教学设计和想法付诸实施，只能根据现有的校内外课程资源，改变原本的教学设计。但在一定条件下，如果教师充分发挥自己的聪明才智，积极主动、创造性地利用和开发课程资源，那么教师在课堂上顺利实施原本的教学设计也是未尝不可的。总而言之，充分发挥教师的主观能动性，积极开发课程资源，是教学设计在课堂上顺利实施的重要保障。

（三）灵活恰当利用课程资源会使教学设计更具生成性

课堂教学是师生、生生之间交往互动，共同发展的过程，该过程中不断生成着各种各样的课程资源。由于教学的不确定性与生成性，许多新生成的课程资源也都在教师的预料之外。面对这种状况，如果教师能够充分发挥其聪明才智，捕捉临时生成的课程资源中有利于教学的氛围、环境、信息和机会等方面的资源，恰当地加以利用，突破原教学设计的束缚，根据实际情景，形成新的教学设计，不仅会使教学设计更具生成性，而且会使得课堂更加鲜活，课堂教学的有效性也会得到提高。

（四）开发课程资源有利于教学设计体现物理新课程理念

利用和开发各种课程资源是物理新课程的内在要求和重要举措。物理课程资源的合理利用和开发有助于教师在教学设计中更加关注学生的发展，体现学生的主体性；有助于教师在教学设计中加强课程内容与学生生活和现代科技发展的联系，体现时代性；有助于教师拓宽教学思路，实现教学方式多样化。也就是说，对物理课程资源的利用和开发有利于教师进行教学设计时，体现物理新课程的理念和趋势。具体而言，主要表现在以下四个方面：

第一，开发利用学生资源（指与学生自身情况有关的资源，如学生在学习中的问题、困惑）有利于教师在教学设计中更加关注学生的发展，充分体现学生在教学中的主体地位。

学生是教育的主要对象，学生的知识、经验、感受、创意、问题、困惑、情感态度与价值观等是教学活动的基因，任何教学活动都离不开学生这一重要的课程资源。通过对学生课程资源的开发，教师不但可以把握学生的学习状态，及时发现学生所学知识的不足，还可以在开发学生资源的过程中发现学生的学习方法和策略，形成以学生的学习状态为基础的教学设计，并利用学生的反应对自己的教学方法、教学策略以及教学理念进行检验，体现学生的学习主体地位。

第二，开发利用生活中的课程资源，有助于教师在教学设计中加强物理与生活的联系，体现了"从生活走向物理，从物理走向社会"的理念。

物理学研究的是自然界最基本的运动规律，生活中的物理现象妙趣横生，自然界中的物理现象也蕴藏着无穷的奥妙，如果能够加以开发利用，并在教学设计中体现，就能够使学生体会到物理就在身边，激发学生对物理学习的兴趣，养成留心生活的良好习惯，培养他们的科学素养。实现"从生活走向物理，从物理走向社会"。

第三，开发利用视频、科普读物等课程资源，有助于教师在教学设计过程中体现"关注学科渗透，关心科技发展"的课程理念。

"关注学科渗透，关心科技发展"是物理新课程理念的重要方面。现代的教学媒体、网络、科普读物等为教师提供了大量的科技信息材料，如果教师能够提取其中有意义的部分，并在教学设计中善加利用，不仅可以丰富课堂活动，而且能够拓宽学生的知识面，让学生在基础知识的学习中关注到科技的发展，增强其科学素养。

第四，开发设计物理实验，给教师的教学设计提供了多种可能性，有助于教师实现教学方式多样化。

任何教学活动都需要一定的课程资源支持。课程资源的短缺限制了教师教学形式的选择。利用生活中的材料，开发设计新型物理实验，能够丰富教学素材，为教师的教学设计提供多种可能性，帮助教师实现教学方式的多样化。

三、教学资源开发的途径

物理教学资源的开发，一方面需要政府的投入、社会各界的支持以及学校的科学管理；另一方面需要广大物理教师创造性的劳动，开发出身边潜在的物理教学资源。

(一) 直接从教科书中开发物理教学资源

1. 调整呈现教学内容的顺序

教科书是既定的，是通用性的，而教学则是特色化、校本化和个性化的。所以，在教学实践中，教师可以在认真钻研教科书的基础上，根据自己的教学经验，结合学生的实际情况，把教科书上的有关章节教学进行调整或重组，对教科书进行再创造，使教学更和谐有序，从而达到优化课堂教学的目的。这也是教学资源的开发。

2. 重视教科书中的小实验

教科书中的一些小实验，一方面是为配合加深对基本概念的理解或对物理规律的把握而设置的；另一方面是介绍一些物理方法，可以把这些资源开发出来为我们所用。

(二) 从平时的公开课中开发物理教学资源

在公开课中，讲课的教师一般都会在课前做充分的准备，所以对教科书的钻研比较深，对教学的理解比较到位，这无疑促进了教师的发展和提高。听课的教师可以通过学习、交流，达到共同提高的目的。

（三）从学生身边开发物理教学资源

1. 利用日常用品进行实验

学生身边的物品和器具是重要的物理实验教学资源，在教学中可以充分开发和利用。

例如，在学习"弹簧伸长与弹力关系"后，可以利用砝码设计一个测量圆珠笔中弹簧的劲度系数的实验。

在学习"机械能守恒定律"后，如果已知圆珠笔的质量，利用刻度尺，手握圆珠笔杆，使笔尖向上，笔帽抵在桌面上，压下后突然放手，笔杆将向上跳起一定的高度，由此估测圆珠笔中弹簧压缩时所具有的弹性势能。

利用学生直尺和两支铅笔，设计探究小实验。将铅笔在水平桌面上平行地分开约20cm，把学生直尺放在铅笔上，再将两支铅笔同时向直尺的中间靠拢，猜想铅笔移到什么位置时，学生直尺会失去平衡而落到桌面上。将两支铅笔在水平桌面上平行地分开约2cm，把学生直尺放在铅笔上，再将两支铅笔同时向直尺的两端移动，猜想又会有什么发现。

2. 从学生生活中开发物理教学资源

物理学是一门密切联系生活的自然科学物理知识，现实生活中蕴藏着无数取之不竭的范例。

例如，在学习"弹簧伸长与弹力关系"后，让学生到肉菜市场、中药店、商场、酒店和工厂等地方，调查这些地方都使用哪种秤，进而要求学生写一篇有关秤的历史的调查报告。

在学习"超重和失重"的内容时，可让学生带着弹簧测力计或公平秤到酒店或商场里的升降机里，做超重和失重的实验，体会超重和失重现象。

在学习"运动的合成"的内容时，可让学生到商场或酒店里的电梯上，沿着电梯运动方向跑动或逆着电梯运动方向跑动，体会速度的合成。

学生骑自行车上学，这里面包含了丰富的物理知识，如杠杆、轮轴、摩擦、圆周运动、骑车前行时车速与空气阻力的关系、上坡时为什么要用力蹬脚踏板、上坡时为什么弯弯曲曲地上行比直上要省力些等。

3. 从学生的体育活动中开发物理教学资源

体育运动与物理知识密切相关，可以说，每项体育运动都包含着一系列的力学综合知识，我们可以从中开发出很多有用的物理教学资源。

自选器材，测出同学百米跑的平均速度，可以用测百米跑的方法测量蛇形跑时的平均速度吗？

男同学可以通过做引体向上的方法估测自己在这个过程中克服重力做功的平均功率，女同学则可以通过跳绳的方法估测自己在这个过程中克服重力做功的平均功率。

（四）挖掘物理仪器的潜在功能

很多物理仪器的功能都不是单一的，在教学中，我们要善于发现它们的潜在功能并将其开发出来，为物理教学服务。例如，电流表在已知内阻的情况下，不仅可以测电流，还可以测电压；电压表在已知内阻的情况下，不仅可以测电压，还可以测电流；滑动变阻器连成分压电路时，可以增大电压的调节范围；投影仪不仅可以放投影胶片，还可以通过它的放大作用，在其玻璃表面上做一些演示实验，如水波的干涉、衍射、探究曲线运动的条件；一支试管不仅可以用来装液体，还可以将空试管插入水中观察光的全反射现象；平抛演示仪不仅可以用来研究平抛运动，还可以测出小球沿轨道运动时摩擦力对小球所做的功……

（五）充分利用信息技术，开发物理教学资源

鼓励将信息技术渗透于物理教学中，将电子计算机等多媒体技术应用在物理实验中。信息技术的介入，无疑将改变传统物理课堂教学基本靠教师口授、板书、演示的局面，能为全体学生的充分感知创造条件，也可以重新组织情景、突出事物的本质特征，促进学生对重点和难点知识的理解，充分利用信息技术，还可以开发出非常丰富的物理教学资源。

（六）利用各种报纸杂志，开发物理教学资源

各种与物理教学有关的报纸杂志，刊登的是全国各地物理教师在教学实践中总结出来的优秀文章，涉及教学论坛、教学研究、教学方法、教学随笔、教材讨论、物理与生活、物理与社会、物理学史与物理学家、实验研究、教改动态等，这些文章既有理论又有实践，反映教学现状，紧跟时代脉搏。教学论坛、研究之类的栏目，主要介绍了相关的教学理论和思想，可以为我们提高自身的素养开发相应的资源；教学随笔、教材讨论、教改动态等栏目，主要刊登的是教学实践的内容，从中我们可以提高对教学的认识，更进一步了解教材，为灵活选择教学策略提供帮助；物理与生活、社会等栏目，主要介绍了"从生活走向物理，从物理走向社会"的具体实例，其中的很多内容可直接为我们的物理教学所用。

总之，通过各种报纸杂志，可以实现资源共享，充分利用各种报纸杂志，可以开发出非常多的物理教学资源。

四、教学资源的利用

我们主要通过利用一些简易器材来辅助相关的教学内容，看一看，在物理教学中如何利用物理教学资源。

（一）火柴棒的利用

1. 认识和理解电场线

电场线不是电场里实际存在的线，而是人们为了使电场形象化而假想的线。为了加深对电场线的认识和理解，在学习电场线时，让学生用火柴棒在橡皮泥上插出正点电荷的电场线分布情况，然后让学生观察哪些地方疏、哪些地方密。这样可以让学生对电场线的分布从平面的认识过渡到立体的认识，还可以帮助学生理解为什么可以用电场线的疏密程度描述电场的强弱。

2. 了解链式反应

在学习原子物理这部分内容时，学生一般都觉得很枯燥无味。为激发学生的学习兴趣，保持学生的学习热情，在学习链式反应时，可以让学生用火柴棒摆出链式反应的模型。这虽是一个小活动，但学生很乐意去做，而且还会主动阅读教科书，了解链式反应是怎么回事。

3. 用安培的分子电流假说解释磁现象

安培的分子电流假说能够解释种种磁现象。为了使解释更加形象化，可以随意撒一把火柴棒，这时火柴棒的头部与火柴棒的尾部的朝向杂乱无章，用以说明分子电流方向的无序性而无法对外显示磁性。如果把火柴棒的头部整理成朝同一个方向摆放，然后用橡皮筋把它们捆住，这时可以看到这束火柴棒一头大一头小，用以说明各分子电流的取向变得大致相同，对外显示磁性。橡皮筋的作用相当于外界磁场的作用，当解开橡皮筋并轻轻敲击放置火柴棒的桌面时，火柴棒又会变得杂乱无章。教学时，如果把火柴棒放在投影仪上进行，其效果更为理想，现象更形象、生动。

4. 观察物体内能变化实验

在学习物体内能的变化时，教科书中介绍了压缩气体做功，气体内能增加，并用实验进行演示，把浸有乙醚的小棉花放在厚玻璃筒内。教学实践表明，放浸有乙醚的小棉花实验效果不一定理想，如果放一到两根火柴棒，效果则会非常明显。

5. 探究抗拉强度与物体长度的关系

利用火柴棒、曲别针、金属圈设计探究实验。物体在无支撑时其断裂之前所能承受的最大拉力或压力叫作抗拉强度。抗拉强度与物体的长度有关系。把翻开的两本书立在桌子上，两书相距一定的距离，把火柴棒架在两书之间。把两个曲别针展开，使其成"S"形，每个曲别针的两端都像个小钩。把一个曲别针挂在火柴的中间，在另一个曲别针的小钩上挂一个金属圈，并不断增加其数量，直到火柴棒折断为止。记下这时火柴棒上挂了多少个金属圈。改变两本书之间的距离，重复上面的实验，比较每次所挂的金属圈个数，就可以知道火柴棒的抗拉强度与其长度的关系。

(二) 橡皮筋的利用

橡皮筋可用来做很多物理实验，如研究弹性形变、探究橡皮筋的伸长与弹力的关系、力的合成、显示力的作用效果等。

1. 观察失重现象

要求通过实验认识失重现象，为此，可以用一条橡皮筋、一个纸杯和两个螺母，设计一个观察实验来加深对失重的理解，实验步骤为：①把两个金属螺母拴在橡皮筋的两端。②把橡皮筋的中点用一短线固定在杯的底部正中，并把两个螺母跨过杯口挂在杯的外侧。③让空杯从约2m高处自由落下。学生可以看到，两个螺母掉进杯内去了。分析橡皮筋的作用特点，让学生由此认识到失重现象。

2. 探究抛射距离与什么因素有关

当把一个物体斜向上抛出时（如推铅球），我们知道它不会一直沿这个方向运动，而是缓慢地向地面弯曲下落，最后落到地面上，落地点与抛出点的水平距离被称为抛射距离。

我们知道，不同的人在抛射同一物体时，有的抛得远，有的抛得近。同一个人在抛射同一物体时，有时抛得远些，有时抛得近些。那么，是什么因素决定了抛射距离呢？

在日常生活和生产实践中，炮手为了让大炮击中目标，在发射速度一定的情况下，就必须知道大炮上仰的角度；跳远运动员为了跳得远一些，往往通过助跑来提高起跳速度；消防警察在用高压水枪向火灾现场喷水时，会通过调节水压和水枪的倾斜角度使水能落在火苗上。

五、物理教学设计的依据

教学设计是一项复杂的工作，成功的教学设计必须综合考虑多方面的因素。一般来说，教学设计的依据主要有以下五个方面：

（一）现代教学理论

理论的指导是教学设计由经验层次上升到理性、科学层次的一个基本前提。科学的理论是对教学规律的客观总结和反映，依据科学的教学理论和学习原理设计教学活动，实际上就是要求教学设计的方案和措施要符合教学规律。在教学实践中我们不难发现，有些教师，特别是从事教学工作时间不久的教师，由于不懂得如何在教学理论的指导下对教学做出详细规划，因而在课堂教学中往往随意发挥，影响了课堂教学质量。即使是有经验的教师，若轻视系统的理论指导，教学时局限于经验化处理，教学也不会达到理想的效果。因此，教师只有自觉运用科学的理论指导教学设计，才有可能使教学摆脱狭隘的经验主义，才有条件谈论追求教学效果的最优化问题。

（二）系统科学的原理与方法

系统科学的基本方法原理要求研究者在研究事物的过程中，把研究对象放在系统的形式中，从系统论的观点出发，从系统和要素、要素和要素之间的相互联系和相互作用的关系中综合地、精确地考察对象，从而取得解决问题的最佳效果。教学系统是一个由多种教学要素构成的复杂系统，各教学要素间存在着密切的联系和多种作用方式。运用系统方法分析教学系统中各因素的地位和作用，使各因素得到最紧密的、最佳的组合，从而优化教学效果，是教学设计的一个基本特征，同时也是教学设计成功与否的关键所在。因此，在实际的教学设计过程中，教学设计者应自觉遵循系统科学的基本原理，以系统方法指导自己的设计工作，在此基础上不断提高教学设计的水平。

（三）教学的实际需要

从根本上讲，教学设计的全部意义就在于满足教学活动的实际需要，在于为实现这种需要提供最优的行动方案。因此，教学设计最基本的依据就是教学活动的实际需要，离开了教学的现实需要，也就谈不上进行教学设计。在具体的教学过程中，教学活动的实际需要集中体现在教学的任务和目标中。要对教学任务和目标进行认真的分析、分解，使之成为可操作的具体要求，在此基础上，综合考虑各种教学因素，选择设计必要的教学措施和评价手段，使教学设计方案在立足教学现实需要的基础上发挥应有的作用。

（四）学生的特点

教学设计的基本特征之一是它既关心"教"，又关心"学"。教学是教师和学生双方共同活动的过程，在这个过程中存在着教师的"教"，也存在着学生的"学"。教是为了学，学是教的依据和出发点，教师的"教"必须通过学生的积极主动的"学"才能起到有效作用。因此，在教学设计的过程中，教师除了从"教"的角度考虑问题外，还必须把学生认知发展的特点和规律作为教学设计的一个重要依据加以认真对待。也就是说，教师作为教学活动的设计者，在决定教什么和如何教时，应当全面考虑学生学习的需求、认识规律和学习兴趣，着眼于辅助、激发、促进学生的学习。

（五）教师的教学经验

在一定意义上说，教学设计的过程也是教师个体创造性劳动的过程，成功的教学设计方案中往往凝聚着教师个人的经验、智慧和风格。教师的教学经验、智慧和风格是形成教学个性及教学艺术性的重要基础，是促进课堂教学丰富多彩、生动活泼的基本条件。好的教学经验是教师在长期的教学实践中总结出的规律性东西，它们在教学中往往可以弥补教学理论的某些不足，帮助教师取得好的教学效果，因此，从这个意义上说，教师的教学经验也是教学设计的基本依据之一。在教学设计中，既不能完全依据经验行事，但也不能排斥教学经验的作用，只有将科学的理论和方法与好的教学经验结合起来，才能使教学设计既有共性，又有个性，并最终达到科学性和艺术性的有机统一。

六、教学设计过程

教学设计作为对教学活动系统规划和决策的过程，其适用范围是比较广泛的。它既可以是对课堂教学的设计，也可以是对课外活动的设计，既适用于整个教学体系的设计，也适用于一门课程、一个教学单元、一堂课的设计。但无论是在什么范围内设计，设计者遵循的基本设计原理和过程都是大体一致的。从系统论的观点出发，教学设计的过程通常包括以下三个方面：

（一）教学内容、目标、学生情况分析

1. 教学内容分析

教师在进行教学设计时，第一步要明确教师教什么、学生学什么，也就是明确教学内容。对教学内容进行分析主要包括以下四个方面：

（1）背景分析

重点分析这部分知识发生、发展的过程，与其他知识之间的联系，以及它在社会生活、生产和科学技术中的应用。

（2）功能分析

主要分析这部分内容在整个物理教学中的地位与作用以及对于培养和提高学生的科学素养所具有的功能和价值。

（3）结构分析

主要分析学科知识与技能结构、过程与方法结构、情感态度与价值观结构，以及它们之间的关系和特点，从而确定教学的重点。

（4）资源分析

主要对本节课可以利用的教学资源如实验条件、课件、习题等进行分析，以确定能否满足当前的教学需要。

2. 教学目标分析

在对教学内容分析的基础上，教师要对学生通过本节课的教学应达到的行为状态做出具体、明确的说明，这就是教学目标分析。教学目标是期望学生在完成学习任务后达到的程度，是预期的教学成果，是组织、设计、实施和评价教学的基本出发点。教学目标可分为长期目标和近期目标。长期目标被称为教育目标，如培养学生学习科学的热情等，这些无法在具体教学中一次性实现，而是长期努力的方向。近期目标被称为教学目标，主要确定一节课教什么内容，通过哪些活动方式来学习。教学目标尽可能用可观察和可测量的行为变化作为教学结果的指标，并确定它们之间的层次关系。

3. 学习者分析

确定学生的起点状态，包括他们原有的知识水平、技能和学习动机、状态等。根据学生的原有基础，确定达到的教学目标的起点能力。学生的各种特点因时代、生活环境的改变而有所变化，在进行教学设计时，要对学生的兴趣、知识基础、认识特点和智力水平等背景材料进行综合分析，作为安排学生学习活动和选择教学策略的依据。

（二）教学策略设计

此阶段的设计必须建立在教学分析的基础之上，包括教学模式设计、教学方法设计和教学媒体设计。这一环节主要考虑用什么方式和方法给学生呈现教材，提供学习指导，用什么方法引起学生的反应并提供反馈。教学过程是教师为达到特定的教学目标，针对学生特点和教学媒体的条件等，所采取的教学策略和教学步骤。在教学过程中，我们应充分利用多种媒体，但教学媒体的选择不仅要依赖于每种媒体的特征和功能，也要有赖于教学系统中其他因素之间的关系，媒体选择的重要依据是教学内容及学生的认知特征。

（三）教学方案的评价与反思

教学方案的形成并不是教学设计的结束。在教学设计的后期和实施后，都要对教学方案进行反思和评价，以便对设计方案进行修改，以使其不断完善。这一环节是针对教师教学认识能力的进一步提高而提出的，是教学设计中不可缺少的重要环节。

对于物理课堂教学设计，还应注意以下五点：

第一，课堂教学设计要与本节课的教学目标和内容紧密结合，课堂教学活动是有计划、有目的的活动。因此，课堂教学活动的设计要紧紧地围绕本节课的教学目标和教学内容进行。

第二，课堂教学设计要具有趣味性和多样性，兴趣是教学的潜力所在，兴趣的培养与教师的积极引导和教学艺术是分不开的。教师应根据物理学科的特点和学生年龄的特征，采用灵活多变的教学手段和教学方法，创设丰富多彩的物理情景，这有利于引起学生学习的动机，激发他们的学习兴趣，从而调动学生学习的积极性。这样，学生就能从被动接受转化为主动参与，从"要我学"转变到"我要学"。

第三，课堂教学设计要体现交流与合作的原则。课堂教学并非"我教你学"，而是师生之间、学生之间的交流。课堂教学中师生双方的认知活动、情意活动是相互依存、相互作用的，教学双方都为对方提供信息，教学就是为了促进交流。鉴于此，教师在课堂教学设计时，要注意设置有意义的情景，安排各类课堂教学活动，引导学生运用所学的知识解决实际问题。

第四，课堂教学设计应充分考虑现代教学手段。现代教学手段如录音、录像、投影仪、幻灯、多媒体等，在物理教学中适时、恰当、有效地运用，对于促进教学内容的呈现方式、教师的教授方式和学生的学习方式的转变具有重要的作用。

第五，课堂教学设计要精心设疑提问。思维永远是从问题开始的，所以，在课堂教学设计中要根据学生的认知水平，提出形式多样、富有启发性的问题。它是促进师生之间信息交流反馈，推动教学流程迅速向前拓展的重要契机。对于学生来说，它还具有多种教育心理功能，既能激发学生兴趣，集中学习注意力，又能诱发积极思考，培养思维能力和习惯，启迪聪明智慧，还能充分训练口头表达能力。作为教师，可以通过提问来检查和了解学生的理解程度，鼓励和引导学生深入思考问题，复习巩固并运用所学到的知识。

第四章　高中物理教学分类设计

第一节　物理概念课的教学设计

一、物理概念概述

（一）物理概念的含义

1. 何谓物理概念

物理概念是一类物理现象的共同特征和本质属性在人脑中概括和抽象的反映，是对物理现象和物理过程的抽象化和概括化的思维形式。

作为每一个物理概念的确立，也就客观地对物质的基本属性、物理过程或物理状态给予了具体的定性反映。但是，作为物理概念，它所反映的不再是个别的物理现象、具体的物理过程或物理状态，而是物理世界中具有本质属性的物理客体、物理过程和物理状态。

2. 物理概念的形成

自然界中大量存在的物理现象，是人们认识物质属性、研究物质运动规律的基础和依据。作为物理概念，它是对物理现象的抽象化、概括化的思维形式。所谓抽象化指的是它们中的同中之异，而所谓概括化则指的是它们中的异中之同。一般来说，只要抽象出物理现象的共同属性及其共同特征（物理过程、物理状态等）之后，并对其加以概括，也就形成了物理概念。

（二）物理概念的地位

在高中物理教学中，搞好物理概念的教学，使学生的认识能力在形成概念的过程中得到充分发展，是物理教学的重要任务，物理概念教学的效果如何，直接关系到学生对于物理知识的认知程度，进而影响到学生整体知识网络的构建与拓展，可以说学好物理概念是学好物理的关键。

物理概念不仅是物理基础理论知识的一个重要组成部分，而且也是构成物理规律和理论的基础，是组成物理知识的基本元素。可以说，如果没有一系列概念作为基础，就无法形成物理学体系。

高中物理课程标准要求学生在高中物理课中"学习终身发展必备的物理基础知识和技能"。在课程内容上体现"时代性、基础性、选择性"。加强概念教学，也是落实物理课程标准的具体体现。

因此，物理概念教学是高中物理教学的核心问题。概念教学是一个重点，当然也是一个难点。

(三) 物理概念的内涵和外延

任何一个物理概念，都具有丰富的内涵和外延。在学习物理概念的时候，知道概念内涵，把握概念外延，才能很好地理解一个物理概念。

1. 物理概念的内涵和外延的概述

概念的内涵，就是指反映在概念中的对象的本质属性或特有属性，人们常常称之为概念的含义。概念的外延，就是指具有概念所反映的本质属性或特有属性的对象，人们常常称之为概念的适用范围。概念的外延可以是在客观世界中不存在的事物。

内涵是概念质的方面，它说明概念反映的对象是什么样的；外延是概念量的方面，它说明概念反映的对象有哪些。概念的内涵和外延相互依存、相互制约。

下面举例来说明什么是概念的内涵和外延。在课堂上，假如教师向学生提问"力"的概念，大部分学生可能会回答"力是物体对物体的作用"，但是也很可能有一部分学生回答"像重力、弹力、摩擦力这样的就是力"。这里面，通常我们所认为的力的概念"物体对物体的作用"，实质上只是力这个概念的内涵，而重力、弹力、摩擦力等是力这个概念的外延。为了便于理解，再举一例："机械运动"这个概念的内涵是"物体的空间位置随时间的变化"，其外延是匀速直线运动、变速直线运动、抛体运动等所有的机械运动具体形式。

通常教师要学生背诵概念，主要是概念的定义，主要是希望学生指出概念的内涵而并非外延。在少数情况下，学生背诵的是概念的外延。

2. 概念内涵与外延的确定性和灵活性

概念的内涵与外延既具有确定性，又具有灵活性。概念的内涵与外延的确定性，是指在一定条件下，概念的含义和适用范围是确定的，不能任意改变或混淆不清。概念内涵与外延的灵活性，是指在不同条件下，随着客观事物的变化和人们认识的不断深化，概念的含义与适用范围是可以变化的。任何概念都是确定性和灵活性的统一。

在概念课中，教师应该引导学生把握概念的内涵和外延，这是学习概念的基础。

（四）物理概念的特点

物理概念是物理学科的基本细胞，既抽象又复杂，具有以下特点：

1. 物理概念是观察、实验和科学思维相结合的产物

例如，我们观察到下列一些现象：天体在运动，车辆在前进，机器在运转，人在行走，等等。尽管这些现象的具体形象不同，但是抛开它的具体形象，经过分析、比较，就会发现其共同特征，即一个物体相对于另一个物体的位置随时间在改变。于是，我们把这一系列具体现象共同的特征抽象概括出来，叫作机械运动。再比如，平动概念的形成，也要在观察一系列事实或实验的基础上，分析平动的共同特点，把它跟非平动的区别搞清楚，平动的概念就初步建立起来了。进而还要判断，在共同特征中，哪些因素和我们研究的问题有关，哪些因素无关，抓住的特征是不是共同的本质特征……对于所做出的判断，还要通过实践（实验）、跟其他概念联系起来加以检验。一些复杂概念的形成过程，还往往要经过一个推理过程。

2. 大量的物理概念具有定量的性质

物理概念大体可以分为两种：一种是只有质的规定性的概念，如机械运动、简谐振动、干涉、偏振等；另一种是既有质的规定性又有量的规定性的概念，可以用一个可测量的量来表示，如速度、加速度、电场强度、电阻、电压等，这类概念也称为物理量。

物理概念的确立，促使人们对其抽象与概括的对象给以量度和具体数值上的表示，由此，物理量才得以引入。而物理量的引入，不仅要以已确立的相应物理概念作为它引入时的基础，而且还依此决定了物理量与相应物理概念在表征与反映的对象上必然具有明显的同一性。由于量的本身包含有数和度的双重含义，作为每一物理量的引入，也就对相应物理概念的抽象与概括的对象，给予了具体数值上的定量表征与量度，当然也就使相应物理概念更加具有科学性。对于同名的物理概念与物理量，物理量是定量化了的物理概念，它不仅可以反映概念质的属性，还可以反映概念量的属性。

引入或定义一个物理量，必须做到两点：一是规定一种测量这个物理量的方法或标

准；二是规定一种量度单位。

对于前述第一种只有质的规定性的概念，虽然没有直接的定量性质，但在表述和研究它们时，往往也离不开定量的描述。例如，"机械运动"这个概念，实际上表示物体在空间的位置随时间的变动，这里归根到底仍然涉及位置与时间的函数关系。正是由于组成物理学的基石——物理概念大多具有定量的性质，因而研究物理学，就必然离不开数学和实验测量，这也使得物理学成为一门定量的精密科学。

3. 大多数物理概念具有复杂性

物理概念虽然是物理学的基础，但是，绝大部分概念都非常复杂。由于概念的复杂性，物理概念教学，必须按照循序渐进的教学原则，注意把握形成概念的阶段性。有的概念牵涉的面很广，学生对这些概念的认识不可能一下子就理解得很透彻，这样的概念的教学，我们只能按照从简单到复杂的顺序，循序渐进地、分阶段逐步地帮助学生加深理解。对概念的学习，了解角度越多，越有助于理解物理概念。

二、物理概念的学习

（一）理解物理概念

对于物理概念的学习，最重要的是对概念的理解。如何理解物理概念呢？

1. 从概念的汉字名称理解概念

物理概念是一类物理现象的共同特征和本质属性在人脑中的概括，而我们汉字文化博大精深，很多的概念，根据说文解字，从汉字表述就能初步理解概念的含义。

比如，位移——位置的移动，移动即变化；动能——因为运动而具有的能量；周期——运动一周所需时间，或者周而复始所需时间；光电效应因为光照而使得金属带电的现象（其中还包含因果关系）；其他还有很多类似概念，电容器、全反射、极限频率、临界角、电场强度、电势差、万有引力、熵……

2. 从形成概念的基础上理解物理概念

任何一个物理概念的形成总是建立在对物理现象的分析基础上，这是理解物理概念的根本。尤其是一些比较抽象的概念，更须要使学生了解其形成的具体物理过程。

3. 通过定义和定义式理解物理概念

不管是定性概念还是定量概念，都必须正确理解它们的含义，因为定义和定义式是对概念内涵的明确规定。

（1）通过物理概念的定义理解物理概念

我们还是以物理概念力为例。根据力的定义"力是物体之间的相互作用"，我们可以从以下角度理解力：

①力具有物质性：力不能离开物体而存在。说明：a. 对某一物体而言，可能有一个或多个施力物体。b. 并非先有施力物体，后有受力物体。

②力具有相互性：一个力总是关联着两个物体，施力物体同时也是受力物体，受力物体同时也是施力物体。说明：a. 相互作用的物体可以直接接触，也可以不接触。b. 力的大小可以用测力计测量。

③力具有矢量性：力不仅有大小，也有方向。

④力的作用效果：使物体的形状发生改变；使物体的运动状态发生变化。

⑤力的种类：

a. 根据力的性质命名：如重力、弹力、摩擦力、分子力、电场力、核力等。

b. 根据效果命名：如压力、拉力、动力、阻力、向心力、回复力等。

说明：根据效果命名的，不同名称的力，性质可以相同；同一名称的力，性质可以不同。

在学习完重力、弹力、摩擦力等具体的力后，对物体进行受力分析，要根据力的平行四边形法则进行合成或分解，后面还逐渐学习力的瞬时作用效果（产生加速度），力在空间累积效果（功，引起物体动能变化），力在时间累积效果（冲量，引起物体的动量变化），等等。

（2）通过概念的定义式理解物理概念

既有质的规定性又有量的规定性的概念，也称为物理量。对物理量来说，其定义可以用数学方法表达，该表达式又叫定义式。如果物理量是矢量，从定义式中可以看出它的方向和意义。

4. 通过联想或类比，理解物理概念

物理学科中的很多概念定义都可以通过联想来进行理解。例如，对于加速度与速度的关系有同学容易错误理解成加速度越小，速度就变慢。我们可以联想某同学身高的变化：该同学高一长了 3cm，高二长了 2cm，高三长了 1cm，长高得越来越慢，但身高越来越高。同理，可以联想往银行存钱或者取钱的实例，学生通过联想这种实例，很快就能理解加速度是反应速度变化快慢的含义。

5. 从物理量之间的相互关系中理解物理概念

从物理学的发展史来看，概念的形成与规律的发现是不可分割的、互相联系着的。例如，惯性概念的形成和牛顿第一定律的建立，质量概念的形成和牛顿第二定律的建立，能量概念的形成和能量转化和守恒定律的建立等，这些例子说明：假如没有惯性、质量、能量等概念，就不可能建立牛顿第一定律、牛顿第二定律、能量转化和守恒定律；同样，如果没有这些定律的建立，也不能使有关的概念得到发展和完善。

（二）学生学习物理概念的常见困惑

物理概念教学是重要的，但要使学生建立起正确、扎实的物理概念往往是困难的。原因在于教学系统所固有的各种矛盾在概念教学中表现格外突出，主要表现在以下两个方面：

1. 从概念本身特点方面分析

从教材方面看，物理概念本身的抽象性与它反映的物理世界的丰富多样性之间的矛盾是造成学生掌握概念困难的原因之一。掌握物理概念要求把握物理现象和物理过程的内在的、本质的特征，而学生所看到的物理现象和过程，其特征很多，有本质特征，也有非本质特征，而且本质特征往往并不是最明显的，常常被大量非本质特征所掩盖，造成认识本质特征的困难。

2. 从学生的学习活动方面分析

作为新知识学习的起点和学习过程的组织者，认知结构对新知识学习的质量和效率无疑起着决定作用，下面是高中物理认知结构中的一些常见的缺陷，它们构成了学习物理概念的障碍。

（1）高中生的思维特点

高中生思维水平虽已基本达到形式运算阶段，具备了一定的逻辑思维能力，但由于他们还未进行过系统的物理思维训练，其物理知识、经验还有很大的局限性，因而其逻辑思维能力和思维品质还比较差。

例如，学生认为"摩擦力就是阻碍物体运动的力""物体浸入液体越深，所受浮力越大""重的物体下落快"，等等。

高中生往往对某些特定事物的解释感兴趣，而不关心对各种现象的解释是否一致，这与其认知结构中概念模糊、关系含混、内在一致性差的特点有关。

（2）学习新概念的知识准备情况

①缺乏必要的知识。

有些物理概念十分抽象，而且日常生活中很少接触，在学生认知结构中找不到适当的观念予以同化。例如，某些表达物质属性的概念密度、比热、电阻、电势等。在这种情况下，必须做一些演示实验，使学生获得足够的鲜明而真实的印象，在此基础上形成了正确的表象，才能最后形成概念。否则，在缺乏感性知识的情况下进行概念教学，学生将因无法理解其意义而导致机械学习。

②存在前概念。

学生生活在丰富多彩的物理世界中，在正式学习物理以前，就已形成了一些概念，但由于其知识经验、思维水平的局限，这些概念往往是片面的，甚至是错误的。在这些前概念中，有的已根深蒂固，并形成一定的"理论体系"，学生已习惯于用这些概念来解释所遇到的现象，而很难接受与之相抵触的科学概念。

③新旧概念界限不清。

新概念与学生认知结构中已有的类似概念界限不清时，两者会相互干扰，导致概念混淆。

由以上分析可知，在做概念课的教学设计时候，教师要树立正确的教学指导思想，清楚学生认知结构特点，要注意结合实际，按教学规律和学生心理特点进行教学，教给学生正确的思维方法，纠正不良思维习惯，从而使学生在正确领会概念的同时，掌握物理学思想方法，培养认知能力。

三、物理概念课的常见教学策略

（一）物理概念教学的一般过程

从前面对物理概念的讨论可以看出，由于概念的特点和学生对物理概念学习存在一定困惑，物理概念教学过程应该是在教师指导下，调动学生认知结构中的已有感性经验和知识，让学生去感知理解材料，经过思维加工，产生认识飞跃（包括概念转变），最后组织成完整的概念图式。为了使学生掌握概念、发展认识能力，必须扎扎实实地处理好每一个环节。物理概念教学一般包括以下过程：

引入概念是基础和铺垫，给学生感性认识，在感知概念基础上才能形成概念和描述概念，理解概念是关键，也是学习概念的重点，深化概念是学生实现迁移的保障，应用概念是目的。下面分别进行说明。

1. 概念的引入

概念的引入是物理概念教学的必经环节。一方面要说明引入该概念的必要性，通过这一过程使学生明确"为什么引入这一概念"，以及"将如何建立这一概念"，从而使学生明确活动目的激发学习兴趣，提取有关知识，为建立概念的复杂智力活动做好心理准备，这也是学生理解概念的基础。另一方面，根据学生认知结构中相应知识状况和新概念特点，可以采取灵活多样的引入方法。一般可采取下述方法：

（1）从生活实际中引入

采用这种贴近学生生活的物理情境进行导入，课堂伊始就能够唤醒学生的物理学习热情，与陶行知的知行合一的教学理念相吻合。学生在生活化情境中感受到物理并非抽象而不可即，知识就在我们的生活之中，就在身边，而且，有利于学生观察生活、分析生活意识的形成，实现从生活走进物理，从物理走向社会物理教学目的的达成。

这种方式简便易行，学生感到亲切自然。而且从生活实际中引入概念，使学生感觉到生活中处处有物理，有助于培养兴趣和注意观察勤于思考的习惯。

（2）从物理实验引入

如果学生缺乏建立概念所需的感性知识，则应通过一些典型实验使学生获得鲜明的感性知识，在此基础上形成概念，这也是物理学科的重要特点之一。经常运用实验，不仅能提供必要的感性知识，还可激发兴趣，培养观察力、注意力，并有助于学生树立物理是一门实验科学的观念。

在高中物理中，电阻，磁场，这些新出现的概念都使学生很难掌握和理解，这时教师就可以通过具体的小实验进行抽象概念的具体化。

物理的学术科学性也要求教师在教学过程中要不断进行实验以便证实概念的准确性，因此教师在概念教学的过程中要不断融入实验教学。实验教学要求物理教师要有扎实的物理知识基础，能够针对不同的概念进行不同的实验展示。

（3）在复习旧知识的基础上引入

有些情况下，特别是到了高年级，学生已建立了许多物理概念，物理感性知识也更丰富。这时可在复习有关旧知识的基础上引入概念。例如，高中讲电势能、电势概念时，可先引导学生回忆重力做功与路径无关、重力势能等知识，通过类比，建立新概念。这是认知结构同化作用的体现。适合这种情况的新旧知识关系可以是多样的，如可以是类比的（如重力势能与电势能、电流与水流）、对比的（如功率与速度）、类属的（下位关系）（如由能到分子能、核能等），或归纳推广的（上位关系）（如由分子动能和分子势能构成物体的内能），等等。

这种依靠旧知识同化新知识的方法，有利于巩固知识，强化知识的内在联系，对形成结构清晰、联系紧密的物理认知结构具有重要意义。

（4）从理论需要引入

这种方法强调知识的内在逻辑性和知识体系的整体性，有利于形成良好的认知结构。对于能、热量、理想气体三个状态参量、场强、电流等概念，都可用此法引入。

（5）物理学史引入

物理学的历史是物理学科中宝贵的一部分，因为科学只能给我们知识，而历史却能给我们智慧。在学习 X 射线时，我们可以引入学史：1895 年德国物理学家伦琴观察到阴极射线管附近的荧光屏上出现了几点荧光，由于伦琴治学严谨，喜欢多问几个"为什么"，所以他经过研究后发现，这原来是阴极射线打到固体上产生的一种新的射线引起的。伦琴把它起名为 X 射线，后来人们为了纪念他把这种射线叫伦琴射线。而在此之前美国物理学家古德斯比德和英国的克鲁克斯都曾发现类似的现象，但他们都没有寻根问底，导致一项重大的发现从他们手中溜走了。

应用物理学史上这些生动的例子，可以增强学生求知的欲望，激发学习热情，学生学到的不仅仅是科学知识，更能培养科学态度、科学方法、科学精神。

2. 概念的形成

（1）揭露本质特征实现观念上的突破

在该环节的教学中，主要有以下两种情况：

一种是概念的同化。学生已有感性知识或通过实验提供了足够鲜明生动的感性材料。在这种情况下建立概念一般不会有太大阻力，通过分析、比较、抽象、概括等思维步骤可以摒弃非本质的东西，抽出本质特征或属性，扩充自己的认知结构，从而实现认识上的飞跃。

另一种是概念的顺应。学生存在与新概念相抵触的前概念。在这种情况下，直接讲授新概念往往不能奏效。因为学生对其前概念深信不疑，并已习惯于用原有的概念去理解事物，建构意义。当他从前概念出发来听教师的讲授时，往往只接纳了那些与其原知识结构相容的内容，而与其原知识结构相矛盾的内容，要么未引起注意，要么无法理解，即使勉强记住了一些结论，也无法融会贯通而只能将新记住的结论与原来的概念分别搁置，遇到实际问题时，仍按原来的概念进行思维。

我们建议运用下述三个步骤，来实现观念的彻底转化。

第一步：诱导学生暴露其原有概念，包括结论、例证、推论等，并在适当的时候提出矛盾，给予其原有错误理论沉重一击。使学生暴露观点的方法很多，例如，可以通过师生谈话法，预测—实验—解释法，也可通过设计好的诊断性题目，事先了解学生的前概念。要运用延迟评价的原则，即待所有学生的观点都充分暴露后，再提出矛盾，以免问题暴露不完全，解决不彻底。

第二步：组织讨论，乃至争论，揭露前概念的不合理性，从而使学生自愿放弃旧的观念。这种变化绝非轻而易举，只有在主体意识到以下四种情况时，才能放弃原概念：

①遇到新问题，原概念无法解释或解决。

②过去认为很重要的知识，现在看来在解释某些现象时，已不是必要的了。或者说，原来的概念并非某些现象的最终解释，可能还有更根本的概念来取代它。

③发现原来的概念在某些方面违背了常理或已被公认的原理。

④从原概念推出的结论是荒谬的，无法接受。

第三步：引导学生接受（或尝试建立）新的概念。新概念必须具备以下优越性，学生才能接受：

①能解释旧概念无法解释的现象而不带来新的矛盾。

②新概念比旧概念更根本，包含更多本质内容。

③新概念及其推论是合理的，可以接受的。

④新概念与认知结构中其他知识没有冲突。

（2）描述概念或者定义概念

在前述基础上，学生基本上可以揭露出事物的本质属性，基本明白概念的内涵了，于是概念的定义也就是水到渠成的事了。这时，可启发学生用文字对概念进行定义，将已抽取出的本质特征加以联结，用恰当、简洁的文字表达出来。

在给物理量下定义时，除了文字表述之外，还须给出定义式，并明确式中符号所代表的含义及各物理量的单位。

3. 理解概念

得出了概念的定义，并不是认识概念的结束。还要从定义出发，讨论概念的内涵与外延、概念的物理含义以及用途等，从不同角度丰富对概念的认识。

例如，得出电阻定义 $R = U/I$ 之后，要对其物理含义进行讨论，使学生明确以下三点：

第一，物理意义：$R = U/I$ 是电阻的定义式。它表明，对特定的导体，加在其两端的电压越大，产生的电流越大，但 U/I 是一常量，这一常量由组成导体的材料及导体的尺寸决定（决定式 $R = \rho l/S$），电阻是导体自身的电学属性，与加在导体两端的电压无关，即 $R \propto U$ 是错误的。

第二，作用：R 用来描述导体对电流的阻碍作用，任何导体都具有这种性质。

第三，$R = U/I$ 提供了一种测量导体电阻的方法（伏安法）；同时，以上三个量知道了两个可求其三。

当然，除此之外，还可以从价值、图像、本质等多方面进行理解。这一环节实际上是对前面概念学习过程的一个小结，对概念理解越透彻，学生才能越准确地掌握概念，也才能正确地运用概念。

4. 深化概念

为使学生更加牢固、清晰地掌握概念，只有前面的理解还不够，要进一步深化概念，才能实现活化概念，真正把握概念，实现概念的迁移。

（1）辨析易混淆概念

将易混淆的概念加以对比、辨析，明确它们的区别与联系，是帮助学生纠正错误概念，理解、巩固和深化概念的有力措施，也是形成清晰概念、层次清楚的认知结构的必然要求。

例如，当学生学习加速度概念的时候，速度、速度的变化量、速度的变化率（加速度）是非常容易混淆的三个概念，如果不能正确区分，学生是不可能理解加速度的。

学生对恒定电路一章中的焦耳热公式 $Q = I^2Rt$，以及电功公式 $W = UIt$ 非常熟练，但是一遇到问题，学生就晕，时常将两者混淆，乱套公式，根本原因是只记住了公式，并没有理解两个概念的异同。

"动量"和"动能"是物理学中两个极其重要的概念，它们都和质量、速度这两个概念有关。如果只讲述定义，即使详细罗列两者的区别，学生仍不能深刻领会这两个概念的物理本质。在分析具体问题时，经常会混淆不清，尤其是一个是标量，一个是矢量，究竟是动量还是动能才真正是机械运动的量度呢？这个问题在物理学史上曾经有过长期的争论，在教学过程中如能恰当引用一些物理学史资料，让学生在真实的历史背景下认识"动量"和"能量"这两个概念，有时会达到意想不到的效果。

（2）比较相近或相似概念

有的物理概念比较抽象，不太好理解，这时候我们可以找到与其相近的概念进行类比，可以大大提高学生的学习效率。

例如，我们在讲述电场强度 $E = F/q$ 和磁感应强度 $B = F/(l)$ 时，可以用 q 检验 E，通电导线检验 B，学生不好理解 E 与 q 无关，B 与通电导线无关，这时我们可以将其与尺子量身高进行类比。$E = F/q$ 中的 F 和 q，都是针对检验电荷；$B = F/(I)$ 中的 F、I 和 l，都是针对通电导线，检验电荷和通电导线起的都是检验作用，这就好比用尺子量身高一样，量与不量身高都是那么高，由本身决定。同理，电场中放不放检验电荷 q，磁场中放不放通电导线，场强都是那么大，应由场本身决定，与放不放 q、放不放通电导线无关。这就可以避免学生总是形成" E 与 q 成反比，与 F 成正比；B 与 (Il) 成反比，与 F 成正比"的错误认识。

又如，在讲解电路知识时，可以将水流与电流，水路与电路，阀门与开关，水泵与电源，水轮机与电灯，水位差（水压）与电压，水流做功使水轮机转动与电流做功使电灯发光，重力做功、非重力做功与静电力做功、非静电力做功等进行类比讲解。

5. 应用概念

学习的目的之一是应用，学习概念也不例外，学习概念是为了能运用概念进行思维，运用概念解决问题。依据认识论的观点，一个完整的教学过程必须经过"由感性的具体上升到抽象的规定"和"再由抽象的规定发展到思维中的具体"这样两个科学抽象的阶段。因而概念的运用阶段也是物理概念教学不可缺少的环节。但要注意，练习的目的在于巩固深化概念，形成技能，培养分析问题解决问题的能力，应用概念，不等同于题海战术，其目的是活化概念，实现知识与方法的迁移。因此，选题要典型、灵活多样，对题目的挖掘、探讨要力求深入。如果将做习题与概念教学分离，甚至相对立，搞题海战术的做法，不仅浪费时间、浪费精力，还容易使学生形成呆板、机械、生搬硬套的思维习惯，不利于深化、活化概念，也不利于分析能力的提高。

（二）概念教学的常见教学策略

概念教学同样符合前述的物理教学基本特征，为了让学生更好地学习物理概念，在概念教学中，常常有以下策略：

1. 创设情境，营造氛围

创设概念教学的情境是物理概念教学的必经环节。如果教师在概念教学过程中去创设恰当的"境"，激发学生的"情"，不仅能帮助学生比较容易地进入概念，而且能充分地调动学生对物理概念学习的积极性，使学生由好奇转变为兴趣爱好，由兴趣爱好转变为对物理概念知识的渴求，让学生积极主动地参与到教学活动中来，很快就能灵活掌握物理概念，达到良好的教学效果。

2. 了解过程，感知内涵

任何一本教科书都不可能孤立地讲述物理知识而不涉及物理学史。只有了解了物理概念产生、形成和发展的历史过程，才能更深刻地理解它们的本质。教学实践中的难点，往往也是物理学发展史上长期未能克服的困难；历史上物理大师与之辩论和斗争的错误观点，往往也保留在学生的概念之中，认识上的反复和曲折正可反衬出正确理解物理概念的重要。物理学历史上关键性的突破和物理学家的伟大贡献，也正是物理学的重点。新课程改革强调从生活走向物理，从物理走向社会，更关注将人文的因素渗透。

3. 循序渐进，加深巩固

有些物理概念，必须按照循序渐进的教学原则，注意把握形成概念的阶段性。有的概念牵涉的面很广，学生对这些概念的认识不可能一下子就理解得很透彻，这样的概念的教学，我们只能按照从简单到复杂的顺序，分阶段逐步地帮助学生加深理解。由力学中的常见三种力到热学中的分子力，由电场力到磁场力，由宏观上的引力到微观里的核力，由物体直接接触相互作用产生的力到物体与物体不直接接触而通过场发生相互作用产生的力。对这么多有关力的概念的理解只能依据教材，依据学生认识规律逐步加深。

4. 加强实验，突破难点

物理学是一门实验学科，大多数物理概念是通过实验演示，让学生透过现象剖析其本质而引入的，学生通过直观观察形成深刻印象，强化了对概念的理解和记忆。实验是在人为控制的条件下，应用各种科学仪器、设备使研究现象反复出现从而有目的地进行观测、研究的一种方法，它是科学概念形成的基础。因此，在实施概念教学时，演示实验法往往是一种行之有效的教学方法，一个生动的演示实验，可创设一种良好的物理情境，提供给学生鲜明具体的感性认识，再通过引导学生对现象特征的概括形成自己的概念。

教无定法，但教学有法。在物理概念教学过程中，我们只有把握不同概念的特点，选用不同的适用于该概念的教学方法，才能最大限度地让学生充分理解概念的内涵，把握概念的实质，在概念的形成过程中培养学生的思维能力，使学生学会学习，为灵活运用概念打下坚实的基础。

第二节　物理规律课的教学设计

一、物理规律概述

（一）物理规律的含义

通过对物理现象、物理过程或物理状态的观察与实验，对其本质属性进行抽象与概括，就形成了物理的科学概念，在此基础上进一步寻找出科学概念之间的联系，即物理现象或物理过程所遵从的规律，就称为物理规律。物理规律是物理现象和物理过程在一定条件下，发生发展和变化的必然趋势，物理规律反映了在一定条件下，某些物理概念的内在必然联系。

物理规律是物理理论的基础，它与相关的物理概念一起构成了逻辑上和谐的知识体系，即物理理论。如果把高中物理这门科学比作高楼大厦，那么物理概念和物理规律就是构成这座大厦的砖石和钢筋框架，抓好基础知识，指的就是抓好物理概念和物理规律。

（二）物理规律的类型

高中物理规律有很多：

①物理定理：如动能定理、动量定理等。

②物理定律：如牛顿运动定律、动量守恒定律、法拉第电磁感应定律、光的折射定律等。

③物理定则：如平行四边形法则等。

④物理方程：如理想气体物态方程、质能方程等。

⑤物理学说：如原子核式结构学说、分子电流假说、分子动理论、玻尔理论等。

⑥效应：如光电效应、多普勒效应。

⑦原理：如惠更斯原理。

⑧隐含的关系：如各种功能关系、热功当量。

⑨其他规律：如匀变速直线运动规律、串联并联规律、静电平衡条件等。

这些规律可分为三大类：实验规律、理想规律和理论规律。

实验规律。物理学中的绝大多数规律，都是在观察和实验的基础上，通过分析归纳总结出来的，叫作实验规律，如牛顿第二定律、欧姆定律、法拉第电磁感应定律等。

理想规律。有些物理规律不能直接用实验来证明，但是具有足够数量的经验事实。如果把这些经验事实进行整理分析，去掉非主要因素，抓住主要因素，推理到理想的情况下，总结出来的规律，我们把它叫作理想规律，如牛顿第一定律。

理论规律。有些物理规律是以已知的事实为根据，通过推理总结出来的，我们把它叫作理论规律。如动能定理是根据牛顿第二定律和运动学公式推导出来的，又如万有引力定律是牛顿经过科学推理而发现的。

通常在高中阶段，探索并建立规律，主要运用实验归纳法和理论分析法来进行。

实验规律的教学。高中物理实验规律的教学中，通常使用如下三种实验方法进行教学：实验探究法、验证实验法及演示实验法。

理想规律的教学。理想规律是在物理事实的基础上，通过合理推理至理想情况，从而总结出的物理规律。在物理教学中应注意使用"合理推理法"。

理论规律的教学。理论规律是指由已知的物理规律经过推导，得出的新的物理规律。因此，在理论规律教学中应采用常用的理论推导法和数学表达式法教学。

（三）物理规律的特点

一般而言，物理规律有以下四个显著的特点：

1. 物理规律是客观存在的

物理规律是客观存在的，它不以人的意志为转移，人们不能随意去创造规律。也就是说，人们只能通过大量的生产实践和观察实践去发现规律，而不能凭主观意志去创造规律。

2. 物理规律反映有关物理概念之间的必然联系

物理规律实质上是揭示物理概念之间的必然联系，因此，物理规律的掌握是物理概念形成基础上的理性认识过程。一般情况下，物理规律既可以用文字表述，又可以用数字关系式或图像表述。但无论采用哪种表述方式，都涉及有关物理概念，同时决定了在物理过程中有关概念的必然联系。

3. 物理规律具有一定的条件、近似性或理想化

人们总是在一定的范围内，或在一定的条件下研究物理现象和物理过程，因而，也就是在一定的范围，或一定的条件下接近并发现其中的物理规律。这就决定了物理规律具有一定的适用范围和适用条件。比如，库仑定律只适用于真空静止的点电荷之间的作用力。物理规律具有近似性或理想化，是由于人们在研究物理问题的过程中，对复杂问题的处理总是抓主要矛盾，忽略次要因素，对问题做适当简化之后才能找到其中的内在联系，进而发现物理规律。

4. 多数物理规律都可以用文字、数学公式和图像来表示

在物理学发展初期就形成了文字，比如亚里士多德将很多现象和规律都用文字表述出来，文字表述的优点在于能准确清晰地表述物理规律，不足在于烦琐。数学公式：这是许多物理学家的追求，公式比冗长的文字简洁，而且能够很好地用来推理演算，这也是物理学科本身特点决定的，由于公式的引入，实现了物理成为定量化的学科，同时，也将物理和数学紧密地结合在一起，推进了物理和数学同时发展，比如牛顿为了研究万有引力，与莱布尼茨共同发明了微积分的方法。函数图像最大的特点是形象，一目了然，可以很快让人了解物理规律，以及构成物理规律的各概念之间的关系。这三种方法各有优缺点，文字好理解，公式好用，图像形象；在学物理的时候能将三者兼顾的话，很多问题都会简单得多。在学习物理规律时，我们就应该从这三个方面全方位地去理解、记忆和应用，把握三种方法，更能全面地理解物理规律。

（四）物理规律的内涵和外延

物理规律和物理概念一样，都有自身的内涵和外延，在学习物理规律时不仅要清楚其内涵还要理解其外延。内涵是指物理规律的文字表述、公式以及公式中各物理量的含义、公式是矢量式还是标量式等；外延是指物理规律成立的前提条件、适用范围、参考系等。

在研究物理规律时我们会发现：物理学研究的对象和过程是经过科学抽象所建立的，并不是实际生活中的物体和运动过程，我们称为理想化模型和理想化过程，如质点、点电荷、光滑水平面（斜面）、单摆在小角度下的摆动是简谐运动、匀加速直线运动、理想气

体物态方程等，这说明物理规律具有近似性；由于绝大多数物理规律只反映了特定物理过程中物质的运动规律，仅有如能量守恒定律、最小作用原理等极少数物理规律概括了各种物理过程的普遍规律，而大部分的物理规律只是在一定的范围内、一定的条件下得到的，并且在有限的领域内被检验。这说明物理规律具有局限性，也说明物理规律的外延是和物理过程密切相连的。

库仑定律在教材中的文字表述为：真空中两个静止的点电荷之间的相互作用力，与它们的电荷量的乘积成正比，与它们的距离的平方成反比，作用力的方向在它们的连线上。公式为：

$$F = \frac{kq_1q_2}{r^2}$$

公式中的 F 为两个点电荷受到的相互作用力，k 为真空中的静电力常量，q_1、q_2 为点电荷的电荷量，r 为两个点电荷之间的距离，这是库仑定律的内涵。库仑定律的成立条件有三个：真空中、静止的以及点电荷，这是其外延。只有真正理解了其内涵和外延才能正确应用物理规律解决实际问题。

部分同学只关注公式自身的数学表达式，遇到题目时只是机械地套用公式，肯定会出问题。所以，在教学中还应该强调物理规律不只是公式，还要注意理解其内涵和外延。只有把握规律的内涵和外延，才能正确理解物理规律，不会乱套用物理规律的公式。

二、物理规律的学习

（一）建立物理规律常用方法

物理规律的建立，离不开实验和数学推理，更离不开物理思维。建立不同的物理规律，应采用不同的思维方法。指导学生理清这些思维方法，学会分析规律建立的基本步骤，有助于学生理解、掌握规律，学习科学方法，发展能力，也为物理规律的教学提供了一些建设性的思路。

物理规律的建立过程主要有三种途径：实验归纳、理论分析、提出假说。

1. 实验归纳

即直接从实验结果中分析、归纳、概括而总结出物理规律的方法。这就要求规律的总结者，要有丰富的感性认识和经验基础，通过对这些事物进行比较、分析，找出它们所具有的共同本质属性，再用归纳的方法，推知这种本质属性确实是这类事物共同具有的。建立物理规律是一种创造性的劳动。需要有必要的物理知识做基础，大量的实验事实为依据，通过抽象思维、形象思维和直觉思维共同作用，利用归纳、演绎、类比、理想化实验、假说等各种思维方法，通过直觉的洞察、灵感的激发、想象的发挥、假说的试探，对观察实验结果和原有的理论进行综合的、全面的、深入的研究和探索。

2. 理论分析

理论分析就是利用已有的物理概念和物理规律，通过逻辑推理或数学推导，得出新的物理规律的方法。常见的有理论归纳和理论演绎两种。

（1）理论归纳

理论归纳就是利用已有的物理概念和物理规律，经归纳推理，推导出更普遍的物理规律的思维方法。在物理学发展史中，如能的转化和守恒定律的建立，是在动能、势能、机械能和机械能守恒定律、焦耳定律等概念和规律建立的基础上归纳总结建立起来的。

（2）理论演绎

理论演绎就是利用较一般的物理规律，经逻辑推理或数学推理，推导出特殊的物理规律的思维方法。如物体的浮沉条件、串并联电路的电阻公式的推导等。

3. 提出假说

假说是物理学发展的基本形式，也是物理学研究问题的一种重要方法。物理假说就是物理研究者在观察和实验的基础上，根据物理原理和事实，通过思维加工，对未知的物理现象或过程的本质、规律所做的一种假定性说明和解释。

通过提出假说来建立物理规律的过程是首先对以往经验和事实进行分析、总结，然后提出假定性的理论，再通过观察实验和经验事实进行检验。为证实假说是否正确，必须按假说的内容、目的及所提供的线索和方向进行实验、观察，如果假说被证明是正确的，新的规律就建立了。

一般来说，初级阶段的学习较多采用实验归纳法，高级阶段的学习较多采用推理和假说法。

（二）学生学习物理规律时的困惑

物理规律是物理学中极其重要的部分，然而学生在学习物理规律时候，感觉并不轻松，在理解规律上时常出现各种问题，进而在应用规律解决实际问题时候，感觉力不从心。为什么学生在学习物理规律时会出现这些问题呢？主要有以下六个原因：

1. 某些生活经验对学习规律带来负迁移

无论学生学习什么新知识，肯定会与自己头脑中原有的生活经验进行联系，实现知识的重组和构建。然而，生活中的某些经验，尤其是错误的认识，给学习规律带来负面作用。比如，在学习牛顿第一定律（惯性定律）的时候，学生有这样的生活经验：人跑得越快，就越难停下来。于是就认为物体速度大，物体难以停下来，所以速度大的物体惯性大。也有这样的经验：静止的足球，踢一脚，球就飞出去了，于是认为惯性是可以通过力克服的。另外，学生在学习沉浮条件时，容易想到，将石头与乒乓球放在水中，石头下沉，而乒乓球上浮，于是认为重的东西容易下沉，轻的东西容易上浮。上述这些生活经验，给学习物理规律必定带来负迁移，原因是缺乏从感性认识上升到理性认识的思维。

2. 概念理解不到位，影响规律的学习

物理规律反映了在一定条件下，某些物理概念的内在必然联系，要理解好物理规律，前提必然是学生首先透彻理解物理概念。而事实上，学生对某些概念的一知半解，影响了对规律学习的效果。

3. 规律之间混淆影响规律的应用

学生学习了几个类似的或相关的物理规律后，经常会将这些类似或相关的物理规律混淆，从而导致思维混乱。比如，学生学习了动能定理、功能关系，以及机械能守恒定律后，在处理问题时候，经常将它们混淆，一旦写方程，都不知道自己到底用的是哪个规律，mgh 是势能？还是势能的变化量？抑或是重力的功？是正的还是负的？又如电场最基本的性质是对放入其中的电荷有力的作用，磁场对运动电荷在一定条件下才有洛伦兹力。再比如，万有引力定律 $F_{衣} = \dfrac{Gm'm}{r^2}$ 和向心力 $F_{向} = \dfrac{mv^2}{r}$ 中，前者公式中的 r 是两质点间的距离，后者公式中的 r 是圆周运动的轨道半径，两者不一定相等。

4. 学生逻辑思维能力不足

物理学科本身是一门逻辑性很强的学科，很多知识是符合一定逻辑顺序的，并且在很多地方需要进行逻辑推理，而学生在这方面却恰好存在不足。比如，光的反射定律、折射定律、牛顿三个运动定律、开普勒三个定律、分子动理论、卢瑟福的原子核式结构模型等，分别都是三个方面内容，或者三句话，这三个方面的内容（或三句话）有没有一定的逻辑顺序呢？答案是肯定的。学生学习时候，如果只记住结论或者公式，是很难学明白的。

再如，教材对机械能守恒定律的表述是：当只有重力和弹力做功时，系统的动能和势能可以发生相互转化，但系统机械能的总量保持不变。当系统合力为 0 时，系统的机械能一定守恒吗？有的学生，甚至到高三时候对此问题还是迷惑的，不敢轻易下结论。其原因是学生不会从根本判据（做功）进行推理。根据上述定律的表述，我们完全可以进一步推理，机械能变化的原因是什么？机械能的变化量等于什么？

5. 将物理完全等同于数学，导致对物理规律理解不到位

物理和数学密切相关，物理离不开数学，但物理绝不是数学，两者各自有很多的学科特点。在学习中，部分学生只记公式，不记条件（外延）。

例如，有学生根据 $mgh_1 + \frac{1}{2}mv_1^2 = mgh_2 + \frac{1}{2}mv_2^2$ 认为：当一个物体在水平面匀速运动时候，机械能是守恒的，理由是势能没变，动能也没变，其总和也没变，所以守恒。这种观点当然是错的。一方面，机械能守恒定律的研究对象应该是系统，而不是某单一物体；另一方面，当系统内重力和弹力做功时，系统的动能和势能发生相互转化，在转化的过程中，系统机械能的总量保持不变，这才是守恒的本质。上述例子只能叫动能和势能之和不变，但不能称为守恒。出现这种错误的原因是学生对规律没有理解，只是按照数学公式套用而已。

6. 不规范导致对规律理解不清

学生对物理规律的学习感觉有困难的另一个因素是学习行为不规范、学习习惯或学习品质有问题。例如，学生对矢量方程不规定正方向导致符号乱用，虽记住了相关规律的公式，但处理实际问题时候，不规定正方向，导致各矢量的正负错误，尤其是对于类似上抛运动的规律分析，更是如此。对牛顿第二定律的应用时，不明确研究对象，不对研究对象进行受力分析，缺乏必要的分析程序，在对力正交分解时候，不画平行四边形，而只画三个射线导致三角函数用错，在应用万有引力定律时候，不画人造地球卫星运行轨道模型，导致地球半径、人造地球卫星轨道半径或离地高度等各种长度量混用，在电磁感应相关问题中，不伸手比画，凭空想，导致各种方向错误，等等。

针对以上这些问题，教师在规律教学过程中，应分析学情，采取相应措施，通过实验、类比等方法，让学生真正懂规律，理解规律，能正确运用规律，提高规律教学的实效性。

三、物理规律课的常见教学策略

（一）物理规律教学的一般过程

物理规律反映了各物理概念之间的相互制约关系，反映在一定条件下一定物理过程的必然性。它是高中物理基础知识最重要的内容，是物理知识结构体系的枢纽。所以，物理规律教学是使学生掌握物理科学理论的中心环节，是物理教学的核心之一。结合前面的学生学习物理规律的特点和困惑，怎样才能搞好规律教学呢？无论是实验规律、理论规律还是理想规律，大多数时候都采用探究式教学，其基本教学流程图如下：

1. 创设发现问题的教学情境

教师带领学生学习物理规律，首先要引导学生在物理世界中发现问题，在教学的开始阶段，应给学生创设一个便于发现问题的物理环境。我们可以通过图片视频、可以借助演示实验，也可让学生亲自动手实验，可以分析学生生活中熟知的典型事例，还可以对学生已有知识进行分析等多方面发现问题，激发学生的求知欲望，激发学生的学习兴趣。另外，创设的物理环境要有利于引导学生探索规律，使学生通过体验获得探索物理规律所必要的感性知识。

2. 带领学生探索物理规律

在学生有一定的需要和积极的准备状态下，教师要利用各种适宜的方法，如实验探索、理论推导等，向学生阐明规律的形成过程，建立新旧知识的联结。

如在牛顿第二定律的教学中，让学生通过实验探索加速度与力的大小关系，以及加速度与质量的大小关系，得出在质量一定的条件下加速度与外力成正比、在外力一定的条件下加速度与质量成反比的结论。在此基础上，学生总结出加速度、外力和质量的关系，为归纳出牛顿第二定律做好了铺垫。这样，学生对该规律的建立就有了一个清晰的过程，才能较深刻地理解物理规律、领悟其物理含义。

有时候，也可以借助物理学史，引导学生假想自己处于科学家当年的情景，身临其境，重回探索之旅，经历探究过程，感悟科学家在探索物理规律中的科学精神和科学方法。由于科学技术的发展，也可以充分利用现在的计算机等多媒体信息技术为教学服务。

当归纳探究结论的时候，教师向学生呈现的物理规律内容不但要准确，而且对一些关键字词应加以突出，给予适当说明，以引导学生足够注意和正确理解，并与其他类似的或易混淆的概念和规律进行比较，建立类比联系，加深学生对物理规律的理解。

3. 要使学生深刻理解规律的物理意义

在规律的教学中，要引导学生深刻理解物理规律的物理意义，防止死记硬背。

物理规律的表达形式主要有三种：第一种是文字语言，第二种是数学语言，即公式（数学表达式），第三种是图像语言。对物理规律的文字表述，必须在学生对有关问题进行分析、研究，并对它的本质有相当认识的基础上进行，切不可在学生毫无认识或认识不足的情况下"搬出来"，"灌"给学生，然后再逐字逐句解释和说明。对于物理公式（数学表达式）和图像，要引导学生区分物理和数学的关系，只有这样，学生才能真正理解它的含义。同时，由于图像的特点，高中物理应该加强图像方面的教学。

如何理解物理规律呢？一般从以下四个方面进行：

①物理规律的物理意义。许多物理规律通常是用公式来表示的，因而，明确公式的物理意义是应用公式的基础。

②规律表述式中的关键词及公式中各字母的物理意义。规律中的关键词句是学生正确理解规律和运用规律的关键，在教学中教师应加以强调。

③公式中各物理量的单位。物理量都有单位和物理意义，不同的单位对应不同的数量。教师要在教学中强调它的重要性，让学生养成将物理量中数量与单位作为一个整体来处理的习惯。

④规律的适用条件和范围。由于物理规律都是在一定的条件下、一定范围内总结出来的，因此，如果不考虑公式的适用范围而胡乱套用，就会导致错误。这一点往往易被学生忽视，他们一遇到具体问题，就乱套乱用物理规律，得出错误结论。

4. 加强应用物理规律解决实际问题的训练和指导

物理规律来源于物理现象，反过来应用于实际问题，学习物理规律的目的就在于能够运用物理规律解决实际问题，同时，通过运用，还能检验学生对物理规律的掌握情况，加深对物理规律的理解。

例如，"霍尔效应"一课的最后，我们可以这样处理：先介绍关于霍尔效应的国际前沿，激发学生对物理的热情，然后再进行霍尔效应巩固练习。

对于某些规律，我们除了落实常规的习题外，还可以设计丰富多彩的课外学生活动，让学生积极参与，体验物理学习的快乐。

比如，学习完反冲后，组织学生制作水火箭，进行射程和准度比赛；学习完动量定理后，组织学生从高楼向下落鸡蛋比赛，看谁的鸡蛋保护最好。学生在这些活动中，感悟的不再是冰冷的物理公式，而是创作的热情、快乐的体验，其作用在于对物理兴趣的提高，对科技的热爱。

在规律教学中，一方面要选择恰当的物理问题，有计划、有目标、由简到繁、循序渐进、反复多次地进行训练，使学生结合对实际问题的讨论，深化、活化对物理规律的理解，逐渐领会分析、处理和解决问题的思路和方法；另一方面，要引导和训练学生善于联系日常生活中的实际问题学习物理规律，经常用学过的规律科学地说明和解释有关的现象，通过训练，使学生逐步学会逻辑地说理和表达。对于运用物理规律分析和解决实际问题，要逐步训练学生运用分析、解决问题的思路和方法，使学生学会正确地运用数学解决物理问题。

最后指出，由于物理规律的复杂性，必须注意规律教学的阶段性，使学生对规律的认识有一个由浅入深，逐步深化、提高的过程。只有这样，才能有效地指导学生掌握物理规律，培养学生的思维能力。

（二）物理规律教学中应注意的问题

1. 弄清物理规律的发现过程

教师应让学生了解建立这个规律的简要历史过程，并知道这个规律所起的作用，从而使学生的学习更有目的性，提高学习效益。

2. 注意物理规律的适用范围

物理规律往往都是在一定的条件下建立或推导出来的，只能在一定的范围内使用，超越这个范围，物理规律则不成立，有时甚至会得出错误结论。

3. 注意物理规律之间的联系

有些物理规律之间是存在着相互关系的。以牛顿第一定律与牛顿第二定律为例，两个定律是从不同的角度回答了力与运动的关系。牛顿第一定律是说物体不受外力时做什么运动，牛顿第二定律是说物体受力作用时做什么运动；第一定律从定性方面说明力是改变运动状态的原因，第二定律回答了力与反映运动状态变化的加速度的定量关系；第一定律提出了物质都有惯性的特点，第二定律从内因和外因角度分析影响加速度大小的因素。第一定律是第二定律的基础，没有第一定律，就不会有第二定律。第一定律是基础，第二定律是核心，第三定律是补充和扩展，其中还包含从定性到定量，从同一物体到相互作用的逻辑关系。

4. 要深刻理解规律的物理意义

在规律教学过程中，要引导学生深刻理解规律的物理意义，防止死记硬套。

例如，学习"串并联电路"的时候，一教师让小组内 3~4 位同学以各种形式手拉手，然后判断是串联还是并联，是先串联后并联，还是先并联后串联。这种用肢体语言表示串并联，让人叫绝，物理规律能这样表演出来，是多么直观。在这种体验活动中，学生收获的不仅仅是串并联规律的知识，更多是快乐，学生自然会喜欢物理，喜爱科学。

5. 培养运用物理规律解决具体问题的能力

教师要精心挑选习题，让学生通过适量训练，在实践中总结运用物理规律解决实际问题的方法与技巧，从而提高运用物理规律解决物理问题的能力。

第三节　科学探究课的教学设计

一、科学探究课概述

（一）对探究的理解

1. 探究的含义

"实验探究"的内涵是指具有科学探究的意识，能在真实情境中提出物理问题，形成猜测和假设，利用科学方法获取和处理信息，形成结论，以及对实验探究过程和结果进行交流、评估、反思的能力。主要包括问题、证据、解释、交流等要素。

2. 科学探究的地位

无论从物理学的发展历史上看，还是从物理学科特点看，或者从学生的发展上看，物理学习都需要科学探究。《普通高中物理课程标准》强调实现学生学习方式的根本变革，提倡和发展多样化的学习方式，特别是提倡自主、探究与合作的学习方式，让学生成为学习的主人，发展学生的创新意识和实践能力。

3. 高中课堂中的科学探究不同于专业科学探究

专业人员开展的探究活动（如科学家的科学探究、历史学家的历史探究），主要是为了寻找问题的答案，而不是把这一探究当成一个学习活动，通过探究获得知识、能力等的增长不是专业人员开展探究活动的主要目的。学生开展的探究活动，当然直接目的也是要寻找问题的答案，但通过探究来学习与发展（学习科学文化知识、发展能力态度等），则是高中生探究活动开展的根本目的。

在教师指导下开展探究，通过探究进行学习，这是课堂中的探究和专业探究的根本不同之处。

高中课堂中的科学探究只是真实科学探究的一种模拟，无论是探究的广度、深度、复杂程度或时间的长度，都无法与科学家们真正的科学探究比拟。但是，我们可以根据具体的教学内容、预先设定的教学目标、以知识为载体，在教师的引导下，让学生运用科学的方法（比如观察、测量、制作、提出假设、进行实验、交流等）进行学习，主动获取知识，发展科学探究能力，形成科学概念，培养探索未知世界的积极态度，从中领悟科学的思想观念、领悟科学家研究自然界所用的方法。

4. 理解中学课堂中的探究

第一，它是一种学习方法，强调学生自己不断发现问题、解决问题，在这个过程中获取知识、体会科学方法、受到情感态度价值观的熏陶。目前教学界对这点已经取得共识。

第二，科学探究本身也是学习的内容。平常所说的知识包括了陈述性知识和程序性知识，怎样进行科学探究是一种程序性知识，以前我们对这类知识的学习不够重视。在科学课程的学习中，学生要通过对探究过程的反复体验，学会怎样进行科学探究。这在过去强调得不够，现应该引起重视。

第三，科学探究还是一种精神。要用这种精神探索和研究自然规律，也要用这种精神学习整个课程中的所有内容，这点尤为重要。

由此可见，科学探究不但是一种学习方法，还是人生必修的学习内容，更是一个人应该具有的一种可贵的学习精神。

（二）科学探究课

我们可以将融入了科学探究的课堂称为科学探究课，其相应的教和学可以称为探究式教学和探究式学习。探究式教学与探究式学习的主要区别在于：探究式教学强调的是教师的引导作用，探究式学习强调的是学生的主体地位，课堂达成目标的主要途径都是科学探究，两者相互呼应。

所谓探究式学习，就是学生以探究为主的学习，指仿照科学研究的过程来学习科学内容，从而在掌握科学内容的同时，体验、理解和应用科学研究方法，掌握科研能力，养成科学习惯，树立科学态度和科学精神的一种学习方式。具体来说，在教师的启发诱导下，学生以独立自主学习和合作讨论为前提，以现行教材为基本探究内容，以学生周围世界和生活实际为参照对象，教师为学生提供充分自由表达、质疑、探究、讨论问题的机会，学生通过个人、小组、集体等多种形式的解难释疑尝试活动，将自己所学知识应用于解决实际问题。学生寻找问题的答案，并在这一过程中获得知识、能力、经验的增长，以及情感、态度与价值观方面的发展。

在科学探究中，学生是像科学家构建和描述科学原理那样经历探究的过程，将自己的经验协调起来并纳入逻辑系统，从而形成科学的概念与原理，建立自己的知识结构，使认知结构、知识技能、情感态度都得到发展。

教师在探究教学中要立足于转变学生的学习方式，培养学生的独立性和自主性，引导他们质疑、调查和探究，学会在实践中学，在合作中学，逐步形成适合于自己的有效的学习方法。

探究课适用的范围非常广，概念课、规律课、习题课、实验课、复习课等，都可以采用探究的形式。

（三）探究与实验的关系

自从实施课程改革后，很多教师的观念发生了转变，认识到学生的学习需要经历探究，并将之付诸课堂实践，所以很多课堂中都有探究的成分；又由于物理学科的学科特点，通常的物理课上都有实验，探究与实验交融在一起，但是探究和实验并不是完全等同。探究不一定有实验，实验也不一定是探究（实验可以分为探究性实验和验证性实验）。实验不是探究的必备要素，对于特定的探究内容，可能需要实验，也可能不需要实验（如理论探究）。

科学探究适用范围很广，很多课型中可以开展科学探究，尤其是规律课。我们可以把探究课分成两大类：一类是理论探究课，一类是实验探究课。

1. 理论探究课

在这类探究课中，由于教学条件或相关物理理论等方面的限制，不太好设计实验，或者即使设计实验也无法实现，我们可以采用理论探究，比如，探究万有引力定律。

2. 实验探究课

在这类探究课中，学生通常要设计并经历实验，经历实验后，对实验现象或实验结果等进行比较、分析、归纳等，发现或总结出某些规律，进而形成结论。

当然，以上两类型并不是完全分离的，很多情况下两者是相互结合的。

（四）探究课的基本要求

在科学探究课中，学生的学习应像科学家一样去发现问题、收集资料、解决问题，在探究过程中主动探索而获取知识、发展技能、培养能力，特别是创造能力，并发展自己的个性，由此，在探究式教学中应体现以下基本要求：

1. 探究的主体性

学生是探究的主体，探究课只有在学生主动参与下才能取得较好效果。主体性体现在：从角色地位看，学生是主动探究，非被动接受；从情感态度看学生是积极求知、非消极等待。在教学中，教师要充分发挥学生的主动性，要发扬教学民主，相信学生的探究潜能，激发学习热情。

2. 探究的启发性

由于学生受到知识基础、能力发展水平和身心发展规律制约，这种不成熟性决定了学生通常不能完全独立地完成探究过程。主体的探究活动还须在教师的组织指导下进行，教师必要的启发指导，有利于促进学生通过自己的研究去主动获取知识，掌握科学的思维及学习方法。

3. 探究的方向性

无论是实验探究还是理论探究，教师要根据学习目标，结合学生的认知特点，创设良好的物理探究情景，通过合理的问题引导学生，共同提出明确的课堂探究主题，提高探究的实效性。

4. 探究的协作性

协作学习是一种通过小组或集体而组织进行的学习策略。在探究学习活动中，学生将其在学习中探索发现的信息材料与其他同学共享交流，通过对话、讨论及争论等形式以达到问题的解决，因此教学时，加强师生之间、生生之间的协作性是十分必要的。同时，在对学生分组时注意学生自身特点的互补，争取让所有学生都能发挥作用，发挥各自优势，所有组员能各显其能。

5. 探究的适度性

高中课堂中的探究仅仅是模拟科学家面对疑难情境，收集和加工所需要的资料，最后解决问题的过程。由于学生本身的知识和能力的限制，以及客观条件的不同，教师应该在广度、深度、难度、参与度、挑战性、兴趣性等方面，结合学生的实际情况，做好课前的教学设计，把握好程度。另外，虽然探究很重要，但是这并不意味着所有课堂都应该追求用探究的方法来教学，不能为了探究而探究。教师应处理好探究式教学与传统的授受式教学相互配合的关系。如果将传统的授受式教学与探究式教学相互联系，相互交错，彼此结合，必将获得最高效率。

以探究为本的学习是一种学习方式，其目的是掌握科学内容、科学方法和科研能力，重点在于探究，其探究内容和过程通常都是事先未知的；而预习新课是学生学习的重要环节。如何避免学生因为预习，记住了结论，而不按探究的思路进行学习？探究式教学需不需要学生预习？如何处理学生的预习与探究的关系？这些都是教师须要根据学生的学情、教学内容的特点，在教学设计时候要考虑的问题。

二、科学探究的四个要素

实验探究主要包括问题、证据、解释、交流等四个要素，具体表述为：

第一，具有科学探究意识，能在不同情境中提出可探究的物理问题，合理猜测和假设，具有发现问题、提出问题的能力。

第二，能正确设计和实施物理实验探究，正确使用各种科技手段和方法收集信息，具有设计物理实验探究和获取证据的能力。

第三，会使用不同方法和手段分析、处理信息，能描述、解释实验探究结果和变化趋势，具有分析论证的能力。

第四，具有合作与交流的意愿与能力，能准确表述和评估反思实验探究过程与结果。

之所以称为"要素"而不称为"环节"，说明我们在课堂中引导学生进行探究时，不能机械地完全套用，而应该灵活地处理。教师可以根据具体的探究问题，对这些要素进行组合、改变顺序、合理增减某些要素；在一节课中，不必面面俱到，而是要有所侧重。

（一）关于问题

问题要素中包括两个方面：发现问题，提出问题；猜想与假设。

1. 发现问题，提出问题

学问学问，不仅要"学"，还要会"问"，只学不问，不是学问。提出问题是科学探究的前提，如果不能提出问题，科学探究便无从谈起。提出问题的重要性是毋庸置疑的。培养学生提出问题的能力，应抓住的本质因素是什么？

《普通高中物理课程标准》对提出问题的能力列出了两点要求：一是"能发现与物理学有关的问题"；二是"从物理学的角度明确地表述这些问题"。就这两点要求而言，前者是后者的基础，而且，前者比后者更难，更富有创造性，因而前者是提出问题的关键因素。

2. 猜想与假设

猜想与假设是科学思维的一种形式，是根据已知事实或已有知识对事物或现象之间的因果性、规律性做出的尝试性解释。

科学猜想并不是随意的猜测，而是在提出问题的基础上，根据所观察、发现的事实，调动原有的知识和经验，对该事实的成因或结果做出假定、进行解释的过程。一是客观事实，二是原有认知，两者结合起来，就是这一过程的基本特征。

在物理教学中要培养学生的猜想能力，就要增强学生应用自己原有的知识和经验来审视所面对的事实的意识，要学会仔细观察、分析新的事实，并在其中寻找跟原有经验和知识相似的特征，并尝试对它做出解释。

为培养学生猜想和假设的能力，教师可以采取以下教学方法：

一是选择恰当的事例，教师对事例所发生的可能原因做出猜想，或者对事例的可能结果进行假设，教师为学生具体地剖析猜想、假设的思维过程。

二是让学生经历猜想和假设的过程，而且让学生陈述猜想、假设的理由。

三是在学生提出了某些猜想与假设之后，让学生对这些猜想与假设的合理性进行评价，增强学生利用已有的知识和经验来解释新事实的意识和本领。

（二）关于证据

探寻证据的过程是复杂的，我们可以将该过程进一步分成两个方面：

1. 制订计划与设计实验

如何提高学生制订探究计划或方案的能力呢？教师培养学生学会把探究的课题分解为几个相对独立的小问题，会思考解决每个问题的不同方法，根据现实条件选择、优化有关方法，从而形成探究的方案；学会从原理、器材、信息收集技术、信息处理方法、操作程序等不同方面来构思探究的计划；学会在制订探究计划时查询相关资料；学会在相互交流中完善探究计划。教师应该在教学中尽量为学生提供学习制订探究计划的机会。

提高学生实验设计能力的途径，一是尽量让学生亲身经历实验设计的过程，分析实验要解决的主要问题，提出解决这些问题的各种实验方法，在具体实施时，包括实验目的、实验方案、实验装置与器材，以及包括控制变量在内的实验方法等，都可以让学生探讨，通过筛选、优化、组合形成实验方案。在实验结束时，还要根据实施情况评价这个实验方案。

2. 进行实验与收集证据

过去的物理教学也很重视进行实验、收集实验数据的工作。课程标准在这方面更进一步体现了自主性和时代性的特征。例如，学生应该学会阅读仪器说明书，按照说明书的要求使用仪器。尽管仪器说明书上会有些看不懂的内容，例如仪器生产环节中的某些指标、规格和说明，但学生应该有能力从说明书中找到与操作相关的陈述，并能遵照说明书提出的要求自主地操作仪器。课程标准要求学生用多种方式收集数据，这是时代发展的需要。随着信息技术的发展，物理实验数据的采集方式已呈现多样化和现代化的趋势，应该尽可能把现代信息技术应用在实验教学中。再者，在指导学生收集信息和分析、处理信息时，教师有时候可以不预先设定表格，避免学生"照方抓药"。

另外，在收集信息时，要注意培养学生客观的思维品质，不要只把注意力集中在与探究假设相符的物理事实上，同样要观察和收集那些与预期结果相矛盾的信息。

（三）关于解释

1. 分析与论证

在分析与论证方面，课程标准对学生提出了三个方面的要求：分析和处理数据、形成结论、描述和解释结论。在通过一定的科学探究之后，应该让学生学会依照物理事实运用逻辑判断来确立物理量之间的因果关系，树立把物理事实作为证据的观念，形成根据证据、逻辑和现有知识进行科学解释的思维方法。

在分析、处理数据方面有这样三点应该注意：①学生首先要明确，本探究活动要解决什么问题，需要研究什么物理量之间的关系，涉及这些物理量变化关系的数据有哪些。也就是说，学生首先应该具备选择实验数据的能力。②在已选择的这些数据中，学生应该有能力确定，哪些属于实验中的常量，哪些是变量。③学生对于得到的数据，应该有对它们进行比较、分析的能力。对于无法一眼看出的关系，应该借助图像进行处理。

在分析物理现象或物理量关系时，教师要引导学生注意其因果关系。例如，手握住橡皮绳的一端上下振动使绳上产生横波，手握绳的振动在先，是因；绳上横波传播在后，是果。还可以让学生从物理条件和物理现象来分析物理量之间的因果关系，所控制的物理条件是因，所产生的物理现象是果。例如，物体所受的力发生了变化（条件），由此引起了它的加速度发生相应变化（现象）；变压器原副线圈的匝数比发生变化（条件），由此引起了原副线圈电压比的变化（现象）。

如果学生能够分析两个变量之间的因果关系，又能得出这两个变量之间的数学关系，那么探究的结论就初步形成了。

描述和解释结论，要力求简明扼要。表述的语言要科学，就应该准确、客观地表述探究结论的适用条件和物理规律，特别是要养成表述物理条件的习惯。例如，"在……情况下，系统的总动量保持不变""在……情况下，小车的加速度与其合力成正比。"在概括物理规律时，学生应该意识到以上省略号所表示的物理条件是必须表述的。表述的语言要简洁，就应该使探究结论具有高度的概括性。例如，楞次定律的表述可以称为概括性的典范，其简练的语言不仅完全概括了各种情景下的电磁感应方式，而且巧妙地陈述了感应电流方向的判定方法。因此，在探究感应电流方向教学中，最好不要事先提供楞次定律的表述，应该让学生学会自己概括、表述探究的结果，并通过交流和评价，提高学生对探究结果的表述能力。

2. 评估

这里所说的评估，是指探究者对自己探究过程的回顾和反思，其内容包括：提出的猜想与假设是否有问题，所制订的实验方案是否完备，所收集的实验数据是否可靠，数据分析和处理的过程是否严密，实验结论的形成是否合理，探究结果的表述是否明确，其概括性如何，等等。对自己的行为养成反思的习惯，将有利于总结和吸取经验教训，有利于批判性思维的发展，有利于发现新的矛盾，有利于提出新的问题。

在教学中应重视学生对科学解释的评估。为此，可以让学生提出并比较不同的解释，看看所收集的证据究竟更支持哪种解释。学生之间的公开讨论、评议是提高评估能力的有效方法。

（四）交流与合作

关于科学探究的交流和表达，教学中应该让学生从以下两个方面关注自己表达能力的提高：一是交流内容的组织，包括课题的提出、探究计划框架、信息收集过程和数据整理、基本论点和对论点的解释、存在的问题和新发现等，应学会根据课题特点有所侧重；二是陈述的形式，包括文字、表格、图像、公式、插图等，学会根据内容选择恰当的形式进行交流。在此基础上，教学中要提供学生当众交流的机会，让学生准备有条理的讲稿，并进行准确和富有逻辑的发言。

为了培养学生表达和交流的能力，教学中应该尽量让学生自己独立地撰写探究报告，逐渐学会组织探究报告的内容，设计和绘制图表。通过相互交流，体会到只有结论而没有过程的探究报告是没有价值的，因为没有过程的结论，其探究方法的科学性和探究结论的可靠性根本无法评价。在指导学生撰写探究报告时，教师不要用统一、刻板的格式强求学生，更不要让学生不动脑筋地在事先全部印好的《探究报告册》中填写。

考虑到学生的智力水平、动手能力以及知识结构的不同等原因，为实现更好的交流与合作，课前要对学生的座位重新编排，把物理成绩好的跟差的分在同一小组，把动手能力强的跟相对较弱的学生分在同一小组，这样更加有利于调动学生的积极性和参与度，发挥小组合作的精神。

当然，交流与合作其实贯穿于探究的各个要素之中，在探究教学中，只要学生有新的发现、有不同意见都可以进行发言。课堂应该提倡尊重、自由、民主、和谐的氛围，学会倾听，敢于发言，在学生的言语交流、思维碰撞中逐渐发现新知，提高素养。

总之，学生的科学探究能力在各个方面往往是不平衡的，上述四个要素各个方面在一节课中不一定都需要。教师在做教学设计、引导学生实施科学探究时，应该认真分析教学内容，了解学生探究能力的薄弱或优势，合理设计具体的教学目标，采取较适合的措施，有所侧重。

三、科学探究课的目标设计

我们所说的科学探究是专指课堂内的探究，在课堂内进行的，课题的内容服从教学进度的需要，课题由教材或者教师提出，因受到课堂教学时间的限制，每个课题所花费的时间不可能太长，因此探究活动不可能面面俱到，这就需要教师在上课前设计好探究课的目标和侧重点。

（一）科学探究能力的基本要求

教师要认识到探究过程和探究结果的关系。每一个探究活动（探究课）的探究结果（相应的知识）不一定是教学重点，比如探究弹簧弹性势能的表达式，弹簧弹性势能的表达式这个结果就不是高中的教学重点；但每个探究过程都是重点，其目的是培养学生的探究能力，培养学生的探究能力是整个中学教学重点之一。

（二）分析探究活动的过程目标

分析每个探究活动的过程目标，侧重在某一个或某几个方面让学生深刻地体会科学探究的实质，这对提高科学探究的质量是重要的。教师对一个具体探究课题的过程目标的分析，应结合该课题的教学设计同步进行。分析时，应抓住课题的内容特征，发掘课题在某些环节上的教学潜力。

例如，探究"弹性碰撞的特点"时，如何测量物体在碰撞前、碰撞后的瞬时速度，这是探究活动的重点，也是难点。因此，这个探究活动，应该把精力放在设计实验和收集信息这两个环节上，探究过程的教学设计也应该围绕着这两个环节来深入思考。

又如，关于"感应电流的方向（楞次定律）"的探究，其重点环节是探究结论的形成和表述，如何使学生通过自主概括形成结论，其教学设计是很有文章可做的。

再如，探究单摆的周期影响因素实验中（前提是小角度摆动），实验设计和操作设计可以作为重点。学生先猜想可能的影响因素——摆球质量（学生能想到对象）、最大摆角或振幅（学生想到摆动幅度）、摆长、重力场强弱（学生难想到，教师可以引导，亦可以最后才探究）等，由于大多数学生很容易知道应该用控制变量法进行实验，于是很多教师接着就进行实验检验。其实，教师在实验前若再增加一个问题，效果则完全不同。教师提醒学生思考：有 3~4 个可能的影响因素，我们先研究哪个因素，后研究哪个因素呢？学生观察教师准备的器材，发现是两个不同的钢球，学生再次经历分析论证（说出理由），得出结论：先研究质量（如果与质量无关，那么后面可以采用两个不同质量的小球了，也就是不需要更换或调整实验器材了）；再研究最大摆角（如果与最大摆角无关，后面也没必要一定使得最大摆角一定相同了，其实改变摆长后，也很难保证最大摆角一样）；最后再研究摆长对周期的影响（此时才需要调整装置，调整绳子使得两个单摆的摆长不同）。

学生通过探究这个问题，既培养了发散思维，又培养了逻辑思维，学生的思维能力和探究能力都得到充分的培养。同时，学生通过此问题的探究，明白了思考问题、解决问题是有章法的，这种素养的提高应该是我们追求的。

（三）规划探究活动过程目标的实施

尽管一个探究课题所强化的过程目标只有某个方面，但由于不同的课题，涉及不同的方面，因此我们期望，通过若干课题的探究后，所有的过程目标都能得到强化，从而使学生科学探究的整体能力得到全面提高。要做到这点，要对各个课题的过程目标进行整体规划。

在课堂教学中，探究问题通常是由教学进度决定的，很少由学生自主提出。而另外有一些环节则涉及的频率很高，如收集数据、分析与论证。因此，如何在教学中加强薄弱环节，这是在整体规划中值得考虑的问题。薄弱环节的加强，要设法增加该环节的活动频率。另外，它还可以通过其他环节中的渗透来实现。例如，在分析和处理数据环节中，就可以渗透对发现问题、提出问题能力的培养。

第四节　物理复习课的教学设计

一、物理复习课概述

物理复习课是物理学习过程中的一种重要课型，学生经过一段时间的学习后，对所学知识和方法会出现遗忘、混淆等情况，尤其是经过一段时间的学习积累后，如何建立各知识之间的联系，形成相应知识网络，如何进一步加深理解，熟练掌握，实现迁移，如何应用所学知识和方法解决实际问题等，这都须要进行复习、巩固与提高。上好复习课，对学生系统掌握知识，发展思维能力极为重要；同时，对教师弥补教学中的欠缺，提高教学质量也是不可缺少的环节。

（一）物理复习课的功能

复习的目的不仅要"温故"，而且要能"知新"，即将旧知识进行归纳、概括，纳入新的知识框架，构建新的知识网络，将分散的知识系统化。"知新"不仅仅包括学生的知识、技能的深化与熟练，还包括学生是否学会合作探索，学会复习，学会反思，学会知识的运用和创新，学会迁移，以及思维有没有深度与广度，实际生活的经验和能力有没有提高，是否会继续学习。学生通过复习，巩固记忆，深化理解，使知识条理化、使技能系统化。

学生通过对于概念和规律的复习，做到"不但知其然，而且知其所以然"，复习课的教学关键就在于引导学生进行发现学习，促进学生知识的迁移，同时促进学习兴趣、态度的迁移，引导学生排除干扰，自主构建新的知识体系；通过复习课落实知识与培养能力，培养学生各个方面学科核心素养。

（二）物理复习课的特点

复习课作为一个常见课型，既符合一般课的基本特征，又与其他课型有着明显的不同，具有自身的特点。

1. 再现性

一个完整的学习过程可分为三个阶段：学习、保持和再现。这里的学习阶段是指学生获得物理新知识的阶段，也就是在物理问题背景下的首次学习。学生学过的知识应该在头脑中保持和再现，以便以后的提取和应用。如果学习之后不复习，那么，所学知识将随时间的变化自动逐渐向原有的观念还原。这样遗忘就会出现，记忆不再保持，从而可能导致永久性遗忘。复习课的课堂内容绝大部分是学生之前已经学习过的，不是新知识，复习就是通过再学习，把被遗忘的东西重新建立起来，把过去没有掌握牢固的知识补上，防止还原过程的出现。

再现知识就是让学生进一步熟悉知识，形式可以有多种：复习课跟新课不同，知识非常集中，为了提高课堂效率，对于简单的、学生掌握比较好的地方，可以在课前将知识以方框流程图、树干分枝图、表格罗列图等形式制成幻灯片，这样就可以在短时间内将知识再现给学生；对于另外一些学生的薄弱地方，应根据学生具体情况采用其他更加合理的方法。

2. 系统性

物理复习课在梳理的基础上要进行概括，使物理知识和物理思想方法系统化。这种梳理工作，可以在教师的指导下，也可由学生自己进行，目的是使这个系统在学生的头脑里形成知识网络，便于储存、提取和应用。

3. 综合性

在物理复习课中，一方面把学生所学习过的各部分知识整合起来，形成一个统一的整体，即梳理；另一方面通过解决物理问题，培养学生综合运用知识的能力。如果只停留在梳理层面，学生不经历利用所梳理的知识解决物理问题的过程，那么梳理出来的理性认识就会被束之高阁，培养不了学生应用知识的能力；如果只停留在解题的层面，不进行梳理，不提示通法和一般原理，那么解题只是具体方法和技巧的积累，不能深刻理解和系统掌握。所以，物理复习课要避免以上两种偏向，把梳理与解决物理问题的实践结合起来，这样才能有利于学生对知识的深刻理解。

(三) 物理复习课的原则

1. 自主性原则

学习的主体是学生，复习课中，教师依旧应保持学生的主体地位。然而在日常实际复习课的教学中，有一个共同的特点就是教师讲得太多。在复习过程中，要充分发挥学生的自主性，让学生积极、主动参与复习全过程，特别是要让学生参与归纳、整理的过程，不要用教师的归纳代替学生的整理。知识让学生梳理，规律让学生寻找，错误让学生判断，充分调动学生学习的积极性和主动性，让学生自主建构知识。

2. 针对性原则

复习课涉及的知识与方法很多，在众多的知识与方法中必须突出重点，注重实效。如何提高复习课的针对性呢？最好的方法就是课前测试、调查，或者根据学生前期学习情况，教师将学生的问题进行归纳汇总。在复习过程中，目的明确，任务清晰，既要注意全班学生的薄弱环节，又要针对个别学生存在的问题，紧扣知识的易混点、易错点设计复习内容，做到有的放矢，对症下药。

3. 系统性原则

在复习过程中，必须根据知识间的纵横联系，系统规划复习和训练内容，使学生所学的分散的知识系统化。通过复习，使学生知识成网，方法成套，这样学生的能力就能增长。

(四) 物理复习课的分类

高中阶段，复习课的种类繁多，按照不同的分类原则，可以有不同的形式。

1. 按学习阶段分类

在学生的学习过程中，经历很多的阶段，不同阶段有不同的复习课。

①单元复习课。

②章末复习课。

③期中考试复习课。

④期末考试复习课。

⑤模块总结复习课。

⑥高三的一轮复习课、二轮复习课、三轮复习课等。

2. 按复习主要目的分类

每节复习课中，必定都涉及知识、能力与方法，以及情感态度与价值观，但在不同的阶段，不同复习课的目的和定位是不同的，尽管在每节课都希望能够落实三维目标，但通常也有所侧重。如果按照复习目的分类，常见的复习课有以下三种：

第一，以知识为主的复习课。

第二，以学科思想方法为主的复习课。

第三，以培养学生能力（实验能力、探究能力等）为主的复习课。

二、上好物理复习课

复习课应以"做好学情分析，确定教学目标，制定相应的教学策略"为备课流程，做好学情分析在先，以学生自主构建为过程，以实现迁移为目标，坚持以学生为主体，关注人的发展。

教师普遍认为复习课不好上。一方面是由于复习课所涉及的知识内容都是学生学过的，因此学生缺乏新鲜感；另一方面是由于学生学习习惯和学习能力的差异，对知识的理解程度和应用知识解决实际问题的能力大不相同，从而造成复习课上学生的起点各异。在物理复习课中，如何让学生都有收获，效益尽可能最大呢？

（一）以学生为主体，激发学习兴趣

突出学生主体有两个方面的含义：第一，教学要让学生发挥主体作用，要采用以学生为中心的教学思路，要设计以学生为中心的教学活动，要根据学生生理特点、心理特点以及他们的兴趣爱好来选择教学方式。第二，在复习课程的每个环节上要充分考虑学生的需

求。课标要求教师真正把学生当成主体，关注并满足他们的需求，特别是要有效关注容易被忽略的学生心理需求，并且运用适当的方法和策略，让学生享受学习的乐趣和成功，使他们真正获得事半功倍的课堂学习效率。

在对学生调查时，学生普遍反映更喜欢"有意思"的复习课，除了做题就是做题，这样复习课的效率自然会很低。上好复习课，首先应该激发学生兴趣。复习课不应是简单将曾经学习过的知识重现，如果只是简单重复之前的知识，或者只是教师的讲解和学生的练习，很难激发学生的学习兴趣。知识应该重现，但重现的形式却是教师教学处理的魅力所在。教师在关注知识、关注目标、关注能力的前提下，应该先关注学习的对象——学生。

(二) 复习课中要处理好几个关系

复习课应把复习过程组织成学生的再认识过程，从更高的层次、更新的角度进一步掌握、理解已学过的知识和技能，进而提高学生的综合能力。因此，在复习课上要做到三个层面：一是知识的整合；二是检查学生对知识的掌握程度以便及时查缺补漏；三是用所学的知识解决问题，强调"用中学"，在学生"运用"知识解决问题的过程中提升能力，复习课应该是在师生互动过程中达成教学目标的学生的学习过程。

1. 处理好物理知识与方法能力关系

复习是一个疏通知识的过程，它应该厘清物理知识之间的联系，理清不同的物理概念之间的关系，理解物理规律，由点成面，内化为学生的知识网，在此过程中也要注意理解学科思想方法，培养能力与情感态度价值观。然而在实际教学中，往往过分强调了疏通物理知识点，过于强调了知识的掌握，而忽视了学科方法和能力的培养，更不要说情感态度价值观了。

2. 处理好复习与练习关系

复习课需要练习，但不应是为练习而练习。有些教师在教学中总是层层递进地练习，密度不断加大，角度依次变换，难度随之增加。一堂课下来教师很辛苦，学生很痛苦，事倍功半。时间久了，学生对本应兴趣盎然的物理也失去了兴趣。复习的目的不是练习，练习是为复习服务的。

3. 处理好教师的教与学生的学的关系

教师由于知识储备丰富，对知识更熟练，对前后知识间的联系更清楚，上复习课时，教师往往表现得主观意识很强，过度发挥教师的主导作用，很少照顾到学生会怎么想、说、做，也不是沿着学生的思路去分析问题、解决问题，而是把学生引入自己预设的思路中，阻碍了学生的思维发展，缺少教师与学生的交流、学生与学生的交流、学生与教材的交流，使学生始终处于被动的地位。复习课，需要教师的引导，但更需要学生的主动参与。

4. 处理好培养逻辑思维与发散思维关系

复习课，一般涉及的内容较多，一方面，为了便于学生理解相关知识和方法，通常可以按照一定的逻辑顺序进行复习，包括物理知识体系、知识网络图等。比如，在复习实验时候，可以引导学生对每个实验从以下十个方面进行思考：①实验目的；②实验原理；③实验器材；④实验操作；⑤数据记录；⑥数据处理；⑦实验结论；⑧实验误差分析；⑨实验改进与创新；⑩思想方法与综合。这十个方面具有一定的前后逻辑性。

另一方面，如果仅仅注重逻辑思维，肯定是不够的，学生如果缺少举一反三的能力，缺少思维发散，就谈不上融会贯通，就难以实现知识迁移。其实，实现知识与方法的迁移才是高效的学习。

复习课中可以通过一题多解，激发学生的发散思维，挑战思维极限，帮助学生从不同的角度思考问题，活跃学生的思路，开阔视野，锻炼学生思维的敏捷性，提高学生的思维能力和灵活运用各种知识解决问题的能力，同时还可以加深对物理过程的理解，激发学生的学习兴趣。通过教师在精题上的有效点拨，学生就能举一反三，融会贯通，也有助于学生跳出题海，达到事半功倍之效。

发散思维是指运用想象、联想、直觉或类推来获得合理设想或猜想的思想过程，它具有流畅性、变通性和独特性。发散思维方式的表现是：在思考问题、解决问题时，进行多方位、多层次的思考，灵活、变通地寻求多种解决问题的方法。它既无一定的方向，也无一定的范围，允许学生标新立异地异想天开。现代心理学家认为：一个人的创造能力相当于他的知识量与发散思维的乘积。因此，培养学生的发散思维能力有利于发展学生的灵活性和变通性，是培养学生创新能力的有效途径。在语言教学中我针对学生发散思维的训练做了一些尝试。

（1）丰富学生的表象和感性经验，是发展发散思维的基础

表象是在知觉和感觉基础上形成的感觉形象，孩子大脑表象贮存得越多越生动，就越容易产生想象，想象越丰富，思维就越活跃。为此，丰富学生知识，建立学生头脑中的表象，是发展学生思维能力的必要条件。为了促进思维能力的发展，教师必须有意识、有目

的、有计划地引导学生观察周围事物的特点和变化，丰富他们的感性知识和经验，开阔他们的视野。如：看到水中的鸭、鹅，就联想到大海中的船；看到天空中自由飞翔的鸟，就联想到各种各样的飞机。观察—联想—想象—创造，由浅入深的思维过程，正是锻炼学生思维的广阔性、变通性和独特性的过程。

（2）创设教育情境，激发学生发散思维

兴趣是学生学习的内在动力和创造的起点，单调的教育环境不可能激发学生去多观察、多思考。为学生创造一个丰富多彩的、富于启发性的、具有开放性的环境，以激起学生创造的欲望。在活动中鼓励学生动手、动脑、动口，积极地、独立地去想、去做，从中激发学生的发散思维。

（3）挖掘教材中的有利因素，引导学生发散思维

发展学生的发散思维，首先教师要深入挖掘教材，找出发展学生思维的有利因素，积极引导学生发散思维。在语言教材中，可以以实物的特征、本质联系为发散点，去发展学生的发散思维。教师要找出发散点，才能有目的地引导学生的思维向多方向发散，否则创造就难以实现。

（4）积极的教育评价

对于年龄小、知识经验不足的学生来说，他们发散的新思路、新想法不可能都是合理的、完美的。因此，对学生的回答切忌不适当的评头论足，无论是合理的还是不合理的，都应该受到表扬，使每个参与者都能有积极的体验。不能对学生作横向比较，只要学生积极参与了，不论结果如何都会受益，教师应以平等、民主、开放的态度对待学生。

实践证明，发展学生发散思维，语言教学中有许多有利因素，在语言教学中发展学生发散思维是可行的。同时，在强调注重培养发散思维的同时，也不能忽略集中思维的培养。因为集中思维形式是训练学生思维具有方向性、逻辑性，使学生的分析、判断能力从中得以提高。心理科学工作者认为，创造离不开发散性的"思"，也离不开集中性的"学"。在教学中，只有辩证地运用集中思维和发散思维，才能有目的、有计划地向学生进行知识传授，开发智力，更好地培养学生的创造能力。

在实际教学中，如果能够处理好以上几种关系，复习课会更有意义。

（三）上好高效复习课

教师在复习课教学中，应该关注学生知识的形成，要注重梳理，充分发挥学生的主体

作用，通过引导、点拨使学生对所学的知识能够进行系统的梳理，使之形成一个较完整的知识体系，从而提高对知识的理解、掌握水平。学生自己的体会才是最重要的，针对自己的体会，及时归纳，其效果远远胜过教师的包办代替。学生主体参与复习过程，复习才能实现高效。

1. 自主构建，形成思维导图

复习课中，教师往往都是通过归纳成条文或画图表概括的手段来罗列知识、梳理知识方法，这种做法，往往表现为教师津津乐道，学生感到枯燥乏味，漫不经心，无精打采，无法激发学生的兴趣。根本原因是学生没有主动参与到复习过程中。在复习的时候，教师可以让学生自己尝试画思维导图，学生的思维导图不一定完全正确或完美，但这可以充分调动学生的积极性，学生通过思考，查阅资料，自主构建，可以将知识内化，在头脑中形成相关的图式，有助于提升复习效果。

2. 合作交流，由点及面

复习课中，发挥学生主动性的另一种做法是加强学生之间的合作与交流。在《静电场》一章中，用到了哪些物理方法，你能分别举出相应的实例或习题吗？学生可能会想到：模型法（点电荷），等效替代法（求均匀带电球体外的电场强度可将均匀带电球体等效为电荷集中在球心的点电荷），对称法（均匀带电板两侧，等量同种电荷的电场分布），极限法（等量同种电荷中垂线上电场强度大小的特点），图像法（$E-x$ 图、$\varphi-x$ 图），化曲线为直线（带电粒子在匀强电场中的类平抛轨迹），单位制（电势、电势差），比值法定义（电场强度、电势、电势差），守恒思想（电荷守恒、能量守恒），等等。这样的复习，不仅落实方法与知识，学生的能力和学科素养必然会得到明显提升。

教师在复习课中应选好习题，充分利用好每道习题的价值，每道题目解完后，带领学生回过来反思，本题复习了哪些基础知识？运用了哪些基本技能？重温了哪些物理方法？体现了哪些物理思想？还可以怎样推广？有哪些引申变式？是否还有不同的解法？把这些疑问交给学生，学生不断地反思，在反思中巩固、深化、提高，学生的知识由点到面、由面到体，形成完整与合理的知识结构。

3. 质疑探究，解开迷思

学生在复习前肯定会遇到很多问题，这些问题有可能学生自己知道，有可能学生自己不知道，教师可以通过复习课前的前测，暴露学生的问题，并将这些问题在课堂中展示，由学生自己质疑、修正，进而实现突破。

4. 把握本质，学会迁移

复习不是简单的重复，其目的是掌握知识，学会方法，培养思维能力，它最终目的在于培养和提高学生运用知识、解决问题的能力，实现知识与方法的迁移。在复习过程中，要加强知识的迁移训练，培养学生举一反三。

三、触类旁通、运用所学知识解决问题的能力

例如，在高一匀变速直线运动复习课的教学中，可以先让学生说一说重要公式，然后再让学生回忆每个公式是怎么得来的，如何理解，能否找各公式之间的联系，如何将公式和数学图像相结合，如何通过公式理解相关的物理概念，等等。这样在复习中学生不仅会主动、感到有趣，而且会被促使去理解概念规律的本质，复习效果好。

第五章 高中物理自主探究模式

第一节 自主探究学习模式理论

一、教学模式的结构

教学模式的构成要素应该具有不可或缺性、不可替代性。教学活动存在于一定的空间和时间之中，在空间上表现为根据一定的教学理论，处理、协调教学过程的各个要素在教学活动中的地位和相互关系；在时间上表现为怎样安排教学活动的各个阶段或环节的程序。根据不同的教学理论，设计教学目标，安排和组织师生活动的不同，就构成不同的教学模式。国内学者认为一个完整的教学模式应包含下列五个要素：理论基础、功能目标、实现条件、活动程序以及教学评价。五个要素相互联系、相互作用，构成一个完整的教学模式。以下分别对这五个方面的内容加以介绍。

（一）理论基础

教学模式都是建立在一定的教育理论基础之上的。正如乔伊斯和威尔所说："每一个模式都有一个内在的理论基础。也就是说，他们的创造者向我们提供了一个说明我们为什么期望它们实现预期目标的原则。"依据特定理论建立的教学模式的教学理论或思想，乃是教学模式深层内因的灵魂和精髓，它决定着教学模式的方向性和独特性。理论基础既独立于教学模式的其他因素，又渗透或蕴含在其他因素之中，其他因素都是因理论基础而建立的。例如，程序教学模式的理论基础是行为主义心理学，非指导性教学模式的理论基础是人本主义心理学。有些教学模式的理论主题是一致的，如布卢纳的概念获得教学模式、加涅的累积性教学模式、奥苏贝尔的先行组织者教学模式等，其理论基础都是现代认知心理学理论。从一个教学模式的理论基础是否成熟就能判断这个教学模式是否成熟。

（二）功能目标

任何教学模式的建立都是为了要达成特定的教学目标，因此教学模式中一切因素的设计都是围绕着这一功能目标展开的。功能目标是人们对教学活动能在学习者身上产生"什么样的"和"有多大的"效用所做的预先估计。功能目标是一个教学模式的核心。它在教学模式的构成因素中居于核心地位，对其他因素具有制约作用，也是教学评价的标准和尺度。如德国的范例教学模式，其功能目标在于使学生掌握从基本概念和基本知识中选出来的示范性材料，能举一反三，培养独立思考和独立工作的能力；合作教学模式的功能目标则是使学生具有民主精神、独立人格和创造才能等。功能目标也在一定程度上指导教学模式的研究朝什么样的方向进行，是教学模式建立的一种反馈，帮助人们调整或重组结构程序，使教学模式日臻完善。

（三）实现条件

这是指促使教学模式发挥效力、达到一定功能所需要的各种条件。任何教学模式都是在特定的条件下才能有效。教学模式的实现条件包括的内容很多，有教师、学生、课程内容、教学手段、教学的时空组合等。如布卢姆掌握学习模式，即将学习结果的性质的三大变量——认知前提行为、情感前提行为、教学的质量作为模式实现条件。认真地研究并保障教学模式的实现条件，可以更好地掌握和运用教学模式，成功地达到预期的目的。

（四）活动程序

从另一个角度理解教学模式，实质它是教学开始时为教学活动的进行提前设置好的程序。不同的教学模式对应不同的教学步骤。每一种教学模式都有一套独特的操作程序，详细具体地说明教学活动的逻辑步骤，以及各步骤所要完成的任务等。一般来说，活动程序的实质在于处理教师、学生与教学内容的关系及其在时间顺序上的实施。但由于教学过程中，既有教学内容的展开顺序、教学方法交替运用的顺序，又有内在的复杂的心理活动顺序，所以，也可以选择不同的侧重点制定不一样的教学程序。在实际的教学过程中会遇到各种各样的突发状况，所以实际的活动程序只能是基本的和相对稳定的，而不是机械式的一成不变的。

（五）教学评价

不同的教学模式要求的评价标准也是不同的。任何一种教学模式都有其适用的情景和范围，功能也不尽相同，因此，任何一种教学模式，都应有与之相应的评价标准、评价方法和反馈、调控方法。

二、物理自主探究教学模式设计的理论基础

（一）建构主义学习理论

物理自主探究教学模式的构建是在新课程倡导的现代理念下，以建构主义学习理论为主要理论依据。

1. 建构主义的理论的起源

建构主义学习理论源于瑞士心理学家皮亚杰提出的儿童认知发展学说。皮亚杰以内因和外因相互作用的观点来研究儿童的认知发展，认为儿童是在与周围环境相互作用的过程中逐步建构起关于外部世界的知识，从而使自身认知结构得到发展。建构主义是在传承认知理论已有的基础之上建立的。建构主义认为知识不能简单地通过教师传授得到，而是每个学生在一定的情景即社会文化背景下，通过其他人的帮助，借助必要的学习资源，通过人际的协作活动，根据自己已有的知识和经验主动地加以意义建构而得到的。建构主义认为"情景""协作""会话""意义建构"是构成学习环境中的四大因素。

建构主义认为每一种学习都是在一定的情景下进行的，情景是建构学习的重要内容之一。建构主义还认为学习和社会情景是密切相连的。在实际情景下进行学习，可以使学习者能利用原有认知结构中的有关经验去同化当前学习到的新知识，从而赋予新知识以某种意义；如果原有经验不能同化新知识，则要引起"顺应"过程，即对原有认知结构改造与重组。总之，通过"同化"与"顺应"才能达到对新知识意义的建构。

建构主义认为学习中另外一个不可或缺的环节是学习者与他人（学习伙伴、教师、专家、家长）之间的协作与交流，并且这一环节始终伴随在学习的整个过程中。从问题的提出、原因的预测或假说、资料的收集与分析、结果的论证以及学习成果评价、学习伙伴间的协作与交流均具有重要作用。学习者在学习的过程中与环境的交互是非常重要的环节。这也是建构主义的核心概念之一。学生在教师的组织和引导下一起讨论和交流，共同建立

起学习群体，并成为其中的一员。在这样的群体中，共同批判地考察各种理论、观点、信仰和假设，进行协商和辩论。通过这样的协作学习环境，学习者群体的思维与智慧就可以被整个群体所共享，即整个学习群体共同完成所学知识的意义建构，而不是其中的某一位或某几位学生完成意义建构。

事物的性质以及事物之间的内在联系是建构的意义。在学习过程中帮助学生建构意义，就是要帮助学生对当前学习内容所反映的事物的性质、规律达到较深刻的理解，这种理解在大脑中的长期存储形式就是认知结构。

2. 建构主义对学习的重要看法

建构主义对学习的定义是，学习是学习者在特定的情景下，通过与环境中的人和物的协作交流，和对自己已有知识的重新构建而获得知识的一种途径，是学生从原有的认识结构转化为新的认知的过程。

构建主义重新定义学生在学习过程的角色。它认为学生是知识的主动建构者，外界的信息只有通过学习者的主动建构才能变成自身的知识。这和传统的教学理论中学生完全被动地接受知识的理论完全不一样。

学生由被动转为主动，那么相应的教师在教学中的角色也要发生变化，教师成为学生建构意义的指导者、促进者。

3. 建构主义学习理论对物理自主探究教学模式的启示

建构主义学习理论与物理自主探究教学模式的目标相吻合，同时为自主探究教学模式的设计提供重要启示。一是自主探究教学模式一定要创设一定的教学情景；二是组织合作交流学习，协作学生对知识的构建。

（二）布鲁纳的发现学习理论

杰罗姆·布鲁纳（Jerome Seymour Bruner）是 20 世纪 60 年代学科结构运动的倡导者。他以皮亚杰的"发生认识论"为基础，主张"发现学习"，他的发现学习有这样的特点：强调学习过程；强调直觉思维；强调内在动机；强调信息提取。

布鲁纳认为，在教学的过程中，学生始终是学习的主体，学生是一个积极的探究者，教师的作用是帮学生建立知识探究的情景，而不是提供现成的知识。布鲁纳还认为，教学不是要建构一个活着的小型藏书室，而是要促使学生自己去思考，参与知识获得的过程。"认识是一个过程，而不是一种产品。"他还认为学习不是学习已有的知识内容，而是要参与建立该学科的知识体系的过程。布鲁纳强调的是，学生不是被动的、消极的知识的接受者，而是主动的、积极的知识的探究者。

除了注重学习过程之外，布鲁纳的发现法还强调学生直觉思维在学习上的重要性。他认为，直觉思维与分析思维不同，它不根据仔细规定好的步骤，而是采取跃进、越级和走捷径的方式来思维的。不论在正规的学科领域还是在日常生活中，不论是科学家还是小学生，都需要也都可以使用直觉思维，所不同的只是程度问题。他认为，大量的事实表明，直觉思维在科学发现中有着相当重要的作用。直觉思维的形成过程一般不是靠言语信息，尤其不靠教师指示性的语言文字。直觉思维的本质是映像或图像性的。因此，教师在学生的探究活动中要帮助学生形成丰富的想象，防止过早的语言化。与其指示学生如何做，不如让学生自己试着做，边做边想。

布鲁纳认为，学生的学习的动机往往是很混乱的。比如，有些学生争取好成绩，是为了得到教师和家长的奖励和认可，或为了与同学竞争。这些都是学习的外部动机，而布鲁纳更重视的是形成学生的内部动机，或把外部动机转化成内部动机。而发现活动能帮助激发学生的好奇心，学生容易受好奇心的驱使，对探究未知的结果表现出极大的兴趣。

布鲁纳对记忆过程持特有的观点。他认为，人类记忆的首要问题不是贮存，而是检索。从检索的角度看，记忆过程也是一个解决问题的过程，即发现的过程。

从布鲁纳的发现学习理论不难看出，教学过程不应当像传统所做的那样，仅仅把知识作为现成的结论教给学生，而应当让学生通过探究，发现知识。在探究过程中，学生不仅得到知识，而且也获得探究的态度和方法。

其对物理自主探究教学模式的启示是：①让学生亲身经历探究知识的过程；②激发学生的好奇心，变"要我学"为"我要学"；③学生自主建构知识而非记忆知识。

（三）建构主义学习理论和布鲁纳发现学习理论的学习方法

建构主义提倡学习中学生的主导地位，但也没有忽略教师在教学中的作用。教师在教学中帮助学生创设教学情境，指导学生构建自己的知识体系。学生不再是被动的知识接受者，教师也不再是知识的灌输者。这就要求学生在学习的过程要注意到以下三点：

一是多用探索法、发现法去建构知识的意义。

二是在建构意义过程中要主动去收集并分析有关的信息和资料，对所学习的问题要提出各种假设并通过各种途径努力加以验证。

三是要多思考和联系，要把当前学习内容所反映的事物尽量和自己已经知道的事物相联系，并对这种联系加以认真的思考。

教师在教学的过程中要做到以下三点，才能充分发挥教师在学生知识构建中的作用：

第一，激发学生的学习兴趣，帮助学生形成学习动机。

第二，通过创设符合教学内容要求的情境和提示新旧知识之间联系的线索，帮助学生建构当前所学知识的意义。

第三，为了使意义建构更有效，教师应在可能的条件下组织协作学习，并对协作学习过程进行引导，使之朝有利于意义建构的方向发展。

建构主义学习理论和布鲁纳的发现学习理论为建构物理自主探究教学模式操作流程中的要素提供了重要的理论依据。自主探究教学模式的很多重要因素的建立都是依据以上两个教育理论。如自主探究教学模式操作流程中的部分要素：探究、情境、问题，正是基于它们的基本概念。而自主探究教学模式中的多维活动、网络环境与调节则是根据特殊的时代特征对教学模式的一种创新。

第二节　自主探究学习的方式与策略

一、自主探究学习模式的基本流程

自主探究教学是一种全新的教学模式，它提出了学生通过自主探究的方式学习知识的方法，使学生对学科的内容体系和思想方法，科学概念、理论及它的历史、现状和前沿等方面在整体上得以全面了解。它突破了传统教学模式对学生主动性和创造性的制约，从而培养和提高学生的科学素养。因此，在物理教学的过程中根据物理的内容适当地选择自主探究教学模式，将给教学带来不一样的效果。

以不同的出发点设计的自主探究模式其特点也是不一样的，从问题出发的自主探究教学模式、以教师指导为中心的自主探索教学模式和循环型自主探索教学模式各不相同。下面就这三种不同的自主探究教学模式的创建流程加以说明。

（一）以问题为中心的自主探究教学模式

该模式是以学生自主学习为核心，以培养学生创新意识、创新精神、创新能力为宗旨的物理自主探究教学模式。其程序是：创设情景—提出问题—自主探究—协作讨论—分层测试—课堂小结。

该流程图的操作特征如下：

1. 创设情境

教师要根据学生的实际和年龄特征、知识经验、能力水平、认知规律等因素，抓住学生思维活动的热点和焦点，根据学生认知的"最近发展区"，为学生提供丰富的背景材料，创设直观鲜明的问题情境，让学生产生疑问，乐于发现问题并提出问题。

2. 提出问题

我国古代讲究做"学问"，"问"是掌握知识和提高道德修养的重要方法。现在学生不会提问题，源于教师不注意培养学生的问题意识；"满堂灌"式的教学方法扼杀了学生提出问题的积极性，学生的学习完全依赖教师的"喂"而处于被动学习的地位。因此，教师要指导学生通过课题质疑、因果质疑、联想质疑、方法质疑、比较质疑、批判质疑等方法，培养学生的问题意识，通过学生自我设问、学生之间设问、师生之间提问等方法发现问题、提出问题，促使由过去机械接受向主动探究发展。要做到这点，教师必须创设宽松民主的课堂气氛，对学生的提问给予恰当的"应答"，变讲解为指导学生自己解决，引导学生自己去寻找答案，当然教师应给予及时评价。教师必须善于激发学生思维，培养他们认真钻研、独立思考、乐于提问的习惯。

3. 自主探究

传统教学中接受性学习是要学生将学习内容以定论的形式接受下来，然后内化成自身的知识，然而内化过程由于缺少自身的经验体系，故在内化成自身的科学解决问题的能力时，可能会造成联系障碍，从而影响问题的解决。而探究式学习过程中学生是通过"做科学"来"学科学"，需要学生从情境中认识问题，提出假设，收集资料，实验验证，处理信息，解决问题，这些都内化成学生自身的经验体系。因此，探究验证是自主探究教学模式中的核心环节。此外，探究验证过程创设类似科学家的研究情境，以观察实验为基础，以假设为基本方法，以质疑验证为基本手段，建立新旧知识的联系网络。

以问题为中心的自主探究教学模式的主要程序是：以演示实验、创设情景、课件演示、生活录像的形式首先培养学生学习物理的兴趣与好奇心；然后教师提问、学生自我设问、学生之间提问，通过这一环节训练学生质疑且培养学生问题意识；再然后是用独立发现法、归纳类比法、打破定式法等方法培养学生自主建构知识能力与探究能力；最后通过同桌之间讨论、小组之间讨论、师生之间讨论等协作讨论的形式培养学生合作精神与交流能力，直到问题最后解决。其中既有形象思维、动作思维，又有抽象思维；既有聚合式思维，又有发散式思维。可以让学生在学习到物理知识和基本技能的同时，受到科学思维和科学方法的训练，受到科学作风的熏陶，有利于全面提高学生的科学素养能力。

4. 协作讨论

在协作讨论的过程中会有不同的情况发生，比如有的学生会胆怯、害怕发言讨论，这时可以采取灵活的方式——小组讨论、组间讨论、师生讨论等形式，发挥集体力量解决问题。讨论的分组形式也可以根据实际情况灵活搭配，比如可以根据学生不同的水平层次划分，也可以根据学生的水平层次交叉划分。总之，在讨论协作的过程中教师应把主动权交给学生，教师适时地引导学生由自由的自行讨论转向小组讨论。在协作交流讨论的过程中，教师应根据教学内容和学生实际，活跃学生思维，培养交流协作能力。在交流的最后形成组意见，教师选取几组不同的具有代表性的小组，让他们选派代表在全班交流研讨结果，对结论进行修改、补充、完善后取得共识。通过这样的自行研讨、自行分析及广泛交流，不仅能使学生从研讨中体验获取知识的过程，感受成功的喜悦，而且能使学生的语言组织能力、口头表达能力得到大大提高。

5. 分层测评

分层测评的目的是根据学生已有的物理水平对其进行不同的要求，使低分段的学生有成就感，对高分段的学生有激励作用。根据教学的实际经验教师可将测试题设计为四个层次：第一层次为达标级，按照物理课标要求设计；第二层次为提高级，在达标级基础上增加了分析层面的学习和变式练习；第三层次为优胜级，增加了新旧知识联系的综合层次练习；第四层次为欣赏级，可提供与学习内容有关的开放题、高考题和物理知识应用竞赛试题分析与解答。四个层次的水平是依次提高的。传统的教学模式采用"一刀切"的评价模式，这种评价模式的弊端是评价标注过低的话会使水平较好的学生失去挑战的乐趣，从而失去学习的兴趣；若评价标准过高又会使水平较低的学生产生挫败感。因此，自主探究教学模式设计的四个评价层次能很好地照顾到全体学生，且因人而异，从而解决传统教学中"吃不了"和"吃不饱"的矛盾，让每个学生"跳起来摘桃子"，努力使全体学生都得到发展和进步。

6. 课堂小结

课堂小结的形式也是多种多样的。可以学生自行完成，也可以学生和教师共同完成。

课堂小结可以是口头的，也可以是书面的或是论文的形式。课堂小结的内容有三个方面：①让学生对各自探究过程进行小结，陈述各自的探究结果或实验现象与结论，并对各自的探究过程和结论进行反思、评价；②学生对他人的探究过程和结论进行反思评价，提出建设性的意见和建议；③教师对学生的小结进行适当的补充、总结和评价。

以上就是以问题导向为中心的自主探究教学模式的建立流程和应该注意的问题。

（二）指导型自主探究教学模式

该教学模式旨在将探究性教学和传统教学的优势进行整合，在建立特定的物理概念教学中有很大的优势，但它并不是传统教学模式和自主探索教学模式的简单重合。它的具体操作程序是：创设情景、提出问题—科学猜想、实验验证—分析讨论、得出结论—课题小结、测试反馈—教师小结、测试反馈—结论、知识的应用。

指导型自主探究教学模式有以下特征：

1. 创设情景，提出问题

根据不同的学校的教学条件创设不同的教学情景，教师可以充分利用现代的科技手段为学生创设丰富的教学情景，如实验、观察、案例分析、研究图片等，引导学生发现问题并用文字描述而提出科学问题。学生进入学习情景后，通过引导、讨论向学生呈现待探究的学习课题，同时提供解决问题所需的信息资料、实验仪器。

2. 科学猜想，实验验证

探究式教学的核心要素是要求学生设计探究方案，进行学习探究，得出结论。具体包括：

①根据已有的知识、经验或收集到的信息做出比较合理的猜想、假设和设计探究方案。

②在有网络条件设施的学校，可由学生自己访问查阅网上的资源，对提出的问题进行回答和猜想。学生带着问题或实验方案通过网络的必要帮助独立进入教师设计的学习环境进行探究；或通过现代信息技术与多媒体实验辅助系统进行实时实验探究，收集实验数据。

3. 分析讨论，得出结论

首先对收集的信息进行分析、鉴别、处理，得出结论，然后对得出的结论做出科学解释。在分析讨论过程中，可通过与他人合作、交流，将各自的猜想、假设、实验方案、结论相互交流。这一过程有利于学生从不同的侧面对问题有一个全面的看法，认识到自己对问题考虑得不充分，同时有利于学生能深刻感受到建立协作精神对科研的重要性，从而使学生有一个全面的提升。

4. 课题小结，测试反馈

①学生对各自的探究过程进行小结，陈述各自的探究结论或实验现象与结论，并对各自的探究过程和结论进行评价、反思。

②学生对他人的探究过程和结论进行评价、反思，提出建设性的意见和建议。

③教师对本课的学生小结进行适当的补充、总结和评价，并让学生浏览小结（可以幻灯片、图片、多媒体、网络等形式进行）。

④本课小结后，引导学生完成自我测试，教师及时鼓励学生并激发学生的学习激情。

这种教学模式不仅关注学生"知道什么"，更关注学生"怎样才能知道"，在"让学生自己学会并进而掌握研究方法"方面下功夫，通过学生的主动参与、亲身体验促进学生对科学知识的"动态建构"。

（三）循环型自主探究教学模式

循环型自主探究教学模式的主要特点是教师传授核心知识，学生通过应用该知识或理论从而实现对问题的理解。它通过消除学生的错误前概念，培养学生的思维能力和探究能力。该教学模式分三个阶段：探索阶段、理解阶段和应用阶段。

1. 探索阶段

教师创建新的教学情景让学生接触到物理的新知识。学生对新奇的事物和现象一般会抱有强烈的好奇心，而这些现象是他们不能够用已有的知识或思维策略进行解释的，所以这些现象就能够激发他们很强的好奇心。在这个阶段教师切记要少指导，给学生足够的自由去自己探索，享受在探索过程中知识带来的乐趣。要多鼓励学生利用一切可以利用的资源找寻问题的答案。

2. 理解阶段

指学生在教师的帮助下通过重新建构他们的前概念，用新的科学定义来解释新获取的信息。在这个阶段主要是通过教师的帮助，让学生理解知识及知识群之间的相关性，从而获得对第一阶段新奇现象的理解和认识。

3. 应用阶段

涉及学生应用新的知识与新的情景。在不同情景中应用新知识，让学生自己发现知识的本质特征。循环型自主探究教学模式的具体程序有：①探究让自己感到疑惑的现象和经历，感受不足以解释的新情况；②参与实验活动，用实验探究解释所遇到的疑惑，了解存在的知识缺憾；③设置新知识所难以解释的新问题情景提供新知识经验；④帮助学生理解整合知识，应用新知识于各种情景；⑤了解新知识的本质特征。

二、三种自主探究教学模式的比较

三种自主探究教学模式主要是以教师对学生的指导程度来划分三种教学模式的不同点和相同点。以问题为中心的自主探究教学模式教师的参与程度较弱，教师主要的职责就是设置教学情景，学生自主探究占学习的大部分内容；指导型探究教学模式教师的参与程度是最强的，教师要负责指导、管理和组织，学生在教师的指导管理下完成探究的学习过程；循环型教学模式的教师的参与度是适中的，教师的作用是传授核心的知识，学生是在教师设置好的教学情景中进行学习的。它们的共同点是学习者被科学问题吸引；学习者对问题的反映是优先考虑证据；学习者利用证据形成解释；学习者将解释和科学知识相联系；学习者交流并证实自己的解释。

第三节　物理学生的自主探究学习能力

一、物理自主探究模式实现的条件

（一）自主探究模式对学生的要求

在进行自主探究模式的教学中班级的人数不宜过多，一般不超过 40 人。对班级学生进行分类、分层组合。从认知结构和兴趣两个方面对学生进行诊断性评价，并结合学生的自我评价将学生进行分组。

可根据学生的兴趣进行分类。

再将每一类按照学生的求知欲及知识基础的不同再进行分层。进行分层的目的是有助于教师了解学生（个性与认知结构），进而进行因材施教。

（二）自主探究教学模式对教学条件的要求

进行自主探究教学模式可根据学校的自身条件设计教学情景，一般对教学条件的最高要求是设置虚拟实验室。虚拟实验室由两个部分组成：硬件部分和软件部分。

1. 硬件部分

主要是多媒体教室：

①演播式多媒体教室，配有高配置电脑、投影仪、录像机、高性能 DVD 机、无线话筒、电子教鞭等。

②交互式多媒体计算机机房，配有服务器、教师机、学生机的局域网，安装了交互教学系统电子阅览室等连为一体。

2. 软件部分

主要是网络光盘资源共享系统、网络视频点播（VOD）系统、Internet 资源共享系统、视频广播系统、屏幕广播系统、师生网络学习与创作的编辑系统、高中物理教学软件系统、高中物理网上测试和评估软件系统。

自主探究教学模式除了上述对外在条件硬件和软件设施的要求，还应重视对研究人员和学生的培训。对研究人员的培训以研究人员自学为主，还可采取专题培训、讲座、讨论和外出参加培训等多种方式。研究人员要深入学习现代教育理论特别是建构主义"学与教"理论、建构主义学习理论、建构主义认知工具理论，不断更新教学观念和思想，掌握教育实验研究方法；不断学习现代信息技术，掌握多媒体与网络教学方法和多媒体与网络教学软件开发方法。对学生的培训主要是让他们熟悉对计算机多媒体的使用，和物理实验工具软件的使用方法，这些由课题组成员和计算机教师共同对其进行培训。

（三）自主探究教学模式的评价

课堂教学评价是按照一定的价值标准，对课堂教学活动的诸因素及其发展变化所进行的价值判断。科学的课堂教学评价，应围绕课堂教学评价的对象，以评价的价值取向作为出发点，选择适当的研究方法和评价方式，形成合理的评价体系。

教学评价是课堂教学的一项重要内容，其目的是检查和促进教与学。自主探究教学模式对学生的评价应以学生探究活动的过程为重点。它主要从以下三个方面评价：

1. 评价的内容

自主探究评价主要包括认知和非认知两个方面，它是呈多元化的形态。主要评价学生在原有基础之上的发展程度，是从学生自身提高的程度层面去评价的。从多角度、多方面进行多维评价。认知方面包括基础知识的掌握、理解和应用，思维方法的提高等。非认知方面的评价内容可包括物理学习动机、创造能力、评价能力、自我调节能力、探究能力、物理学习兴趣、物理学习信心、物理学习态度、思维的灵活性、民主意识、合作精神、问题意识、上课时的心情、乐学与怕学、求知欲、关心他人程度、课堂参与程度、学习负担、独立性，等等。

2. 评价的方式

自主探究教学模式主要注重的是学生的自身发展以及探究能力的提高，和创新能力的提高，都是比较感性的因素，因此自主探究的评价标准应该以定性评价为主。

自主探究教学的评价方式主要包括：教师对学生的评价；学生对学生的评价；自我评价，即学生按照一定的标准对自己的发展做主观性评价。

也可以采取教师评价与学生的自评、互评相结合，对小组的评价与对组内个人的评价相结合，定性评价与定量评价相结合等方式。从多角度、多方面进行多维评价，建立多维评价表。对学业成绩的考核采取开卷与闭卷考试相结合的方式。

3. 评价的原则

对学生学习评价的目的是将学习重心从过分强调知识的传承和积累向知识的探究过程转化，从学生被动接受知识向主动获取知识转化，为了达到预期的目标，取得较为理想的效果，应注意以下原则：

启发性原则：教师在教学中的作用主要是启发、引导学生，避免对学生进行知识的灌输，因此，教师利用多媒体和网络技术不断创设引导学生探究的情景，对学生的"脑、手、眼、口、耳"进行"全频道"式输入，帮助学生发现问题、分析问题和解决问题。

主体性原则：自主探究教学模式最大的一个特点是注重学生在教学过程中的主体性，因此，课堂教学中要突出学生的主体地位，教师通过问题情景的创设，让学生自主探索、思考、发现，让每一位学生体验知识的发现和创造过程。

开放性原则：教学环境开放，教学过程具有动态性，教学内容具有灵活性；教学时空开放，具有广阔性；教学反馈具有即时性。教师要充分利用多媒体和网络技术创设高、中、低多层次非线性的教学环境，适应不同层次学生个体差异性的需求。

自主性原则：教学过程要充分挖掘学生的潜力，调动学生对问题的兴趣和探索的热情，让学生充分地自主探究，真正实现学生自己发现规律。

发展性原则：教学设计以学生发展为本，以促进学生主体性、创新精神、实践能力以及学生素质的全面发展为最终目的。

（四）自主探究教学模式对教师的要求

自主探究教学模式有较强的灵活性，对条件设施和教师的要求不同，适合于各级各类学校的高中物理教学。自主探究教学模式对学生的素质有一定的要求，对教师的要求也是很高的，教师在教学中的正确的方法引导能给教学带来很大的帮助，能为教学的顺利进行提供条件。条件的优或差的不同可能会对教学效果产生不同的影响。教学模式的实现条件主要包括三个方面：教师、学生、教学手段。对教师的基本要求大体包括下列七个方面：

①应掌握相应的专业知识，兴趣广泛，知识丰富。

②掌握现代教育理论知识及多媒体、网络应用技能。

③关心并了解世界最新科技成果，不断进行教学研究。

④具备一定的教学设计技能、实验教学技能和师生沟通技能。

⑤有较强的爱心、事业心和责任心。

⑥灵活机智，民主意识强，组织能力强。

⑦有自己的个性和教学风格。

第四节　物理课程自主探究学习的有效性

一、物理自主探究教学模式的效果

（一）学生对物理课的学习兴趣、动机、信心有所增强

在实施自主探究教学模式之前和之后都对学生进行了一些问卷调查，调查结果显示，

实施"自主、探究"教学前、后学生中喜欢物理课的人数比例有所增加；学生中觉得"物理难学"的人数比例减少了，但并不十分显著，这是因为物理课的难教难学还与学科特点、学习内容的难度、学习评价标准与方式、学生已有的学习经验等多种因素有关；学生对物理课的学习价值有了更深刻的认识，说明物理学习的动机明显增强；同时由于自主学习的能力得到了锻炼和提高，学生自学物理的信心明显增强。

（二）学生学习物理的方式和习惯有所改善

由于学生对物理学习的认识发生了变化，觉得物理学习比以前有趣，认为物理学习更有意义，这促使学生在学习物理的过程中的学习方法和习惯发生变化，在这两个方面都有所改善。学生学习方式和习惯的改善主要表现在：①学生学习物理的主动性和探究性明显增强，课前预习和课后复习的人数增多，乐于讨论和探究问题的学生多了；②学生探究问题的方式呈现多样化，除与教师、学生交流外还可以自主查阅书籍和上网检索；③学生对自主、探究的学习方式有较高的认同率。

（三）学生自己探究问题的能力提高了

问卷调查还涉及学生在自主探究能力方面的提高程度。通过教学模式的改革，学生探究意识明显增强，探究学习的能力有了不同程度的提高，而这些能力的提高必然带动学生创新能力的提高。问卷主要从三个方面进行：对自己感兴趣的疑难问题的解决方法；对教师的结论是否有质疑；自主探究能力的自我评估。

"自主、探究"学习的体验和初步成功，使学生逐渐消除了原来思想中对自主学习和科学探究的神秘感和畏惧感，明显增强了学生的学习能力和自信心，有效激发了学生探究学习的积极性和主动性。

（四）学生的自我评价意识增强了

随着"自主、探究"教学的不断深入，学生的自我评价逐渐由被动完成"总结"任务向主动反思转变。许多学生逐渐自觉地形成了在学习笔记中以注释、后记等方式记录自己的想法、感受、疑问的习惯，并通过这种方式与自己和教师对话。

自主探究式学习模式和传统教学模式比较，就传授知识的效率而言，"自主、探究"教学并不比被动传授式教学高。不可否认，自主探究式的教学模式的启发式传授教学也能使学生的学习成为意义学习，"自主、探究"教学无疑要花费学生更多的时间，所以，"自主、探究"式教学对学生物理知识和技能的掌握效率有促进作用但不太明显。

然而在实施"自主、探究"教学中，学生在学习上投入较多的时间是自愿的、主动的，并且在此过程中学生的学习兴趣、学习自觉性及各个方面的能力都得到了显著的提高；而在传授式教学中学生的学习是被动的，只是为应试而做题，顾及不到兴趣以及各个方面能力的培养，因此从学生的长远发展来说，自主探究教学模式具有很高的价值。

由于学校考试题以考核学生对知识和技能的掌握为主，对于学生在学习积极性、主动性以及学习的品质、态度、方法、能力等方面的变化是无法定量测量的，因此很多学校往往忽视了对学生自主探究能力的培养。在加强学生创新能力培养方面，很多学校是有待提高的。

二、物理自主探究模式的教学的五个问题

（一）物理自主探究式教学是未来物理教学的必然方向

在教学中注重"自主"和"探究"既是高中物理教学适应新课改的需要，也是其自身改革的需要。

新物理课程标准强调在物理教学中要注重学生探究性和自主性的培养。这不仅是对我国传统教学模式改革的需要，也是培养新世纪新人才标准的需要。从某种意义上讲，科学探究的思想和探究方法就是科学技术的灵魂。目前，很多教师的传授式教学仍然是主流的教学模式，传授学科知识和技能被看作最主要的也是唯一的教学目标。这显然只过分看重了学科知识的传授，却忽视了科学体验、科学态度和科学价值观对学生全面、持久发展的重要性。因此，物理教学必须重新审视其教育功能，确定包括"知识、技能、方法、过程、情感、态度、价值观"在内的全面的教学目标，突出学生学习过程中的自主性和探究性。

（二）因地制宜、因材施教

自主探究模式的一大特点是灵活性。在教学的过程中要根据教学的条件灵活地设置教学情景，要根据学生的实际水平灵活地设置探究的内容，还要根据学生的原有水平进行灵活多层次的评价。"自主、探究"式教学改变了学生被动的学习方式，更加重视学生在学

习中的主体地位，把对物理学的科学思想、科学方法的理解和掌握放在了与知识同等重要的地位，其优越性是显而易见的。

学生学习的自主程度和探究水平有高有低，这不仅决定于学生的认知能力水平，也与学习内容的难易等诸多因素有关。在具体的教学设计中应该根据学生实际和教学内容的需要进行恰当把握与取舍，并注意与其他教学方式结合运用。

没有哪一种教学模式和方法是能够普遍适用于每一节课的。由于教学内容、时间、条件等方面的限制，我们不可能也没有必要在所有教学中完全运用"自主、探究"式教学。"自主、探究"应该是理科教学的一种理念，而不是一种固定的模式。

（三）　自主探究教学模式实施的重要前提——民主、平等、合作的学习环境

授业传统的教学模式，教师作为"传道解惑"者，在地位上是高高在上的，学生是不大敢亲近的。但自主探究教学模式的特殊性要求打破这一格局，营造民主、平等、合作、和谐的师生关系和轻松、愉悦的教学氛围，拉近师生之间的距离，只有这样才能有效实施自主、互助、探究式的教学。师生关系的平等、民主不能只是形式上的，而应该是教师和学生在精神上的高度和谐统一，这与传统的教学方式大不相同，因此，需要教师从思想观念上发生根本性的转变。师生关系和教学方式的改变不仅是一个优化学科教学的过程，也是提升师生人格修养、科学态度和价值观的过程。因此，自主探究教学模式也是师生共同进步的过程。

（四）　正确把握"自主、探究"教学模式中教师与学生的角色和职能

在自主探究教学模式，教师是组织、引导的主体，学生是探究、学习的主体。作为教师必须清楚自己在教学中的作用，不能对学生自主探究的过程进行过多的干预，不能越俎代庖，但也不能因此对学生在学习的过程中遇到的问题视而不见。教师要准确把握好在教学中充当引导者的角色。另外，要说明的是，自主探究教学模式虽然强调学生主动探究问题，但是物理规律、结论的得出是许多科学家长期艰苦的探究活动的结晶，这些探究活动需要科学家良好的科学素养，因此，探究式教学不是学生脱离教师，像科学家一样去重新发现和创造，这不仅不符合学生心理发展的特点，而且会极大地挫伤学生的学习积极性，否定教师在教学中的作用。

（五）客观地看待探究学习和接受学习的关系

一般来说，探究式学习与接受式学习有不同长处：在过程与方法的体验、科学态度与创新能力的培养等方面，探究式学习优于接受式学习；在课堂获得知识的效率、对知识结构的理解等方面，接受式学习优于探究式学习。从学生的长远发展和全面发展来看，接受式学习的局限性和弊端是显而易见的，但探究式学习也存在对时间和空间较多要求的问题。面对过于注重知识传授的教学现状，大力倡导教学中的自主性和探究性是很有必要的，以"自主、探究"为核心理念，针对具体情况综合运用多种教学方式将成为理科教学改革的大趋势。

三、实施自主探究教学模式的困难

（一）传统的教学观念与习惯根深蒂固

从传统的教学模式转到自主探究的教学模式不仅仅是教学形式上的变化，更重要的是教学思想上的变化。教师要由以往"传道、授业、解惑"的施教者转变为教学活动的组织者、指导者和帮助者，由只关注学生知识的获得转变为关注每一个学生的全面发展。实施"自主、探究"式教学，不只是教学方法的改变，更是教育思想、观念的根本变革。这对教师提出了很大的挑战。传统观念和方法根深蒂固，使得教师在教学实践中会不自觉地受到影响，容易在教学改革中"走老路"。

自主探究教学模式不仅要求教师从思想上转变观念，对学生也要求转变学习的观念和态度。由于大多数学生长期以来接受的是教学中的模仿和重复，学习方法以听讲、背诵和大量做题为主，学生已经习惯了教师的"喂养式"教学，致使"自主、探究"学习的意识、方法、主动性严重缺乏，对教师的讲课有很大的依赖性。在自主探究教学模式中，他们一开始会对新的学习方式感到无所适从，进而产生畏难情绪，甚至会对新的教学模式产生抵触和怀疑，这需要教师正确的引导，让学生在自主探究教学中尝到乐趣，建立信心。

（二）现行教材编写内容跟不上自主探究教学模式的需要

高中物理教材很强调学科知识结构的系统性，注重对已有知识的熟练把握，因此会汇编大量的物理习题用以巩固知识的学习。习题的练习，枯燥乏味，还偏难，脱离生活实际。现行教材对于物理概念和规律的处理大多侧重理论的直接呈现，缺少探究理念，留给学生发现、探究和创造的空间不足，使许多物理问题失去了探究的意义和必要性。现行教材注重物理知识体系的系统性的结构，必然会忽略了物理实验及物理探究方法的学习，使学生很难从教材中感受到物理学的思想观念和研究方法，物理实验也是方法明确、步骤清晰，大多为验证性实验，学生所能做的就是模仿和重复。

（三）学校教学环境和条件难以满足学生科学探究的需要

如今虽然很多学校配有图书馆、网络、实验室等现代教学资源和器材，但由于每个学校的人员众多，分配下来资源严重不足。特别是实验仪器和加工设备的种类不全，数量不足，一旦学生提出的方案找不到所需器材，就很难进行下去，使部分探究学习方案没有条件实施。这是制约自主探究教学进行的一个重要的物质条件。另外，由于人口剧增而教育资源有限，现在绝大部分学校的班额都很大，一般的五六十人，多的达到七八十人，学生在"自主、探究"学习中的交流机会因较大的班额受到很大限制。

（四）评价方式和教学时间是制约教学改革的瓶颈

传统教学评价主要关注的是学生掌握知识和技能的多少，这些能用简单的定量的标准来评价，而自主探究教学模式注重的是学生探究体验以及科学方法的学习和科学价值观的形成，这些用定量的标准是很难评价的，因而也导致了物理教学中对学生科学探究体验以及科学方法、态度、价值观的形成的忽视。目前各类学校对学科教学的评价仍然是以知识、技能目标的达成度为核心的，留给教师的改革教学评价的自主空间很小。这在一定程度上制约了"自主、探究"教学中的多种评价方式的实施。

以知识和技能为核心的评价机制还使得教师必须用大量时间完成"教学任务"，学生的自主学习和探究学习活动又需要很多时间，所以教学时间问题会变得很突出。

高中物理"自主、探究"教学模式是指在学生的学习主体性得到保证的前提下，在课堂中进行具有自主性的探究、讨论以及问题分析。自主探究模式是以建构主义的教育理念为理论依据。建构主义理论把教师与学生的关系作为教育研究的重点，并且认为学生是课堂的"主体"，教师是引导者。

物理"自主、探究"教学模式的实施，在提高学生学习物理的兴趣和动机、增强学生自主学习和探究学习的意识、改善学生学习方式和习惯、增长学生的自主学习能力和科学探究能力以及对学生将来的教学理念和方式的影响等方面都取得了预期的效果。在"自主、探究"式教学中，学生积极、主动、活泼、协作、自信，有利于学生的全面、持久发展。

"自主、探究"教学模式在具体实施中也存在诸多制约因素，如师生观念转变不到位、教材内容与编写体例陈旧、教学条件不配套、评价体系改革难等，这问题和矛盾尚须进一步研究解决。

四、物理自主探究教学模式要注意的问题

一是注意把握教师和学生在教学过程中的角色变化，教师从讲授者变成了指导者，学生从被动接受知识者变成了主动探究构建新知识者。学生是教学中的主体。

二是教师要注意设置在自主探究教学模式中情景的时候要充分考虑物理学科的特性，利用物理学科的趣味性建立学生对问题的兴趣，从而顺利地开展接下来的探究学习过程。

三是设置物理教学情景的时候要充分考虑学生教学的条件，使学生在接下来的探究过程中不至于因外在条件的限制而影响探究过程的进行，从而打击学生的探究兴趣。

四是教师和学生要彻底地从传统教学的旧思维中解放出来，以新的教学理念参与到物理自主探究教学的模式中来，避免用新的教学模式沿用旧的教学方法，避免探究学习走形式。

五是注意自主探究教学模式的评价方式的多元化，避免用传统的单一的定性评价方式从结果上制约自主探究教学模式的进行。

自主探究教学模式的各个环节不是一成不变的，有时也应根据不同课型或学段的具体需要进行增删或调整；同时自主探究也不是孤立的，有时和其他的高效课堂教学方式、方法共同配合使用，会使课堂更具生命力。是否是一种成功的教学模式关键是看在你的课堂教学中是否真正地体现了"以学生为主体"，是否真正体现了以促进学生全面、持续、和谐发展为基本出发点，是不是真正能够实现人人学有价值的物理，人人都获得良好的物理教育，不同的人在物理上得到不同的发展。

第六章　高中物理分层教学模式

第一节　分层教学的概述

一、分层教学的基本概念

（一）分层教学的含义

从心理学角度来看，个性差异是分层教学的研究依据；从教育学研究来看，因材施教是其理论基础。尽管二者的理论说法不同，但不论是从教育学还是心理学的角度来研究分层教学，它们的论点实质是一样的。分层教学又名分层递进教学法、层次教学法等。总的来看，分层教学大致有以下六种概念类别：

第一种是指有选择性的教学方式。分层教学是学生的接受能力不同，对学生所提的学习要求也相应有所差异，进而采取有差异的教学方法以及教学策略，使每个学生都能获得提高与发展的教学方法。他认为在分层教学中，教师不能只根据自己的意愿，选择自己适合的教学方式，而应结合学生的知识结构差异，努力探索更适合学生的教学方式，这样才能更适合学生的学习与发展。

第二种是将分层教学看作施教的一种教学手段。教师应在心里将班级学生分为三个不同层次，充分兼顾到学生的知识水平和接受能力，以此进行同一教学内容的讲授。相应的教学广度和深度也应合理区别开来，即教师应根据不同层次学生的差异性，最大限度在教学的各个环节区别对待学生的个体差异性，促进不同层次学生的知识、技能、能力和智力都能在各自原有基础上得到较好提升，使全体学生都能获得全面发展。

第三种是将分层教学看作每个学生得到各自发展的一种组织形式。分层教学时，教师要充分考虑到班级学生客观存在的差异性，有针对性地加强对不同类型学生的学习指导，使每个学生都能得到最优发展的教学组织模式。

第四种是将分层教学作为一种教育教学方法。社会对人才的需求是多层次的，学生各方面的特质也是有很大差异的，应该使不同的学生有课程选择的自由，主动获得发展。在当前班级人数相对较多的班级授课制国情下，面向差异的主要教学方法即分层教学。

第五种是分层教学被看作一种教学策略。分层教学是一种强调适应学生个别差异，着眼于各层学生都能在各自原有基础上得到较好发展的课堂教学策略。

第六种对分层教学的看法更为综合。分层教学是一种教学策略，也是教学模式和教学思想的一种。

这里所指的分层教学既含有教学思想，也体现了教学方式、教学手段的创新，更是一种教育教学方法和教学策略的展现。其具体指的是将学生按照智力测验分数和学业成绩及潜力倾向把学生科学地分成不同水平的班组，教师根据不同班组的实际水平进行教学。分层教学要求教师有针对性地分析学生的智能差异，根据课程标准和大纲分析出相应层次的教学目标，创设不同层次的教学环境，对每个层次的学生设置相应的最近发展区，分层次辅导和测验，使教学要求与学习可能性相互适应。这是一种比较适应个体差异显著的教学组织形式，在该形式下，学生在教师恰当的分层策略和相互作用中得到最好的发展和提高。

(二) 分层教学的内涵解读

1. 在个性化教学思想的引领下

个性化的教学是实施素质教育的必由之路。它强调尊重学生个性，依据每个学生的个性、兴趣、需要和特长进行教学；它强调学生能够充分发挥学习的主动性，能够充分享受学习的快乐。每个学生都存在着现有水平和潜在水平两种发展水平，教学要从这两种水平的个体差异出发，把最近发展区转化为现有的发展水平，并且不断创造更高水平的最近发展区，才能促进学生的发展。分层教学模式就是在根据学生学习的可能性水平将学生分为若干层，并且确定与之相协调的分层教学目标的基础上，实施个性化教学，从而达到促进学生个性发展的目的。

2. 在班级授课制的框架内

班级授课制使教学获得了比较高的效率。它有利于教师主导作用的发挥，有利于教师循序渐进地开展教学。班级授课制将学生按照年龄及程度编成班级，总体水平接近，这样有利于学生之间的交流与启发。没有班级授课制，也就没有义务教育大规模的普及。正是因为班级授课制有这样的一些突出优点，尽管它备受争议，却从未被彻底地否定，而仍然表现出旺盛的生命力。我们不能因噎废食，而要不断地对其进行改革。分层教学模式也应在班级授课制的框架内实施，保留和发扬其优势，同时又不断弥补其不足。

3. 以学生差异为基础

教学活动开展的前提是应该承认学生是有差异的。心理学上所讲的个体差异指在社会群体竞争中，个体之间先天的差别、后天环境条件的差异和由此形成的个体的结果差异。就像世界上没有两片完全相同的树叶一样，学生与学生间也必然存在着差异。

4. 科学选用适当教学方法和策略

在教育教学活动中，从来没有什么模式或方法是最好的。只有最符合学生的实际情况，能够充分调动学生学习的主动性和积极性的教学方法才是最好的。巴班斯基的教学过程最优化理论阐述最优化的基本方法之一就是要在研究该班学生特点的基础上，使教学任务具体化，根据具体学习情况的需要，选择最合理的教学形式和方法，才能实现教学过程的最优化。分层教学强调针对学生差异进行个性化教育，正是要通过寻求和实施与学生实际情况最相符合的教学方法和策略来推进教学活动。

5. 以达到学生整体提升为目标

教学过程无论如何精彩和多样，最终都要以能否促进学生的发展为最终评价标准。赞科夫的发展性教学理论强调教学活动要遵循的根本原则就是要使每个学生（包括后进生）都得到发展。布鲁姆提出的学科基本结构理论强调，教学不仅要探求向优秀学生挑战的计划，也不要破坏那些学习不好的学生的信心和学习意志。分层次教学作为落实素质教育的核心方法，要以促成学生整体的发展和提升为目的。

（三）在素质教育背景下解读分层教学

素质教育的最大特点之一就是要面向全体学生，提高全体学生的素质和能力，挖掘每一个学生的潜力，发挥每一个学生的个性和特长。新课程改革下，国家对于发挥课程功能提出如下要求：普通高中课程要适应社会需求的多样化和学生全面而有个性的发展，构建重基础、多样化、有层次、综合性的课程结构；应创设有利于引导学生主动学习的课程结构；应建立发展性评价体系；改进校内评价，实行学生学业成绩与成长记录相结合的评价方式，建立教育质量监督机制；应赋予学校合理而充分的课程自主权，为学校创造性地实施国家课程、因地制宜地开发校本课程，为学生有效地选择课程提供保障。

分层教学坚持"以人为本"的指导思想，把促进学生个体潜质最大限度地发展作为教育的终极目标，力求充分释放出学生的个人价值，实现学生的个性化、全面化发展。在教学活动中，它强调以学生为主体的教学思想，充分体现"把学生的发展放在教育首位"的教育理念。在充分尊重学生主体地位、主体人格的基础上，针对学生之间的个体差异进行分层次教学，使学生在各自的认知水平和个性特长上都能得到充分的发展，实现学生发展的个性化。同时，将自主学习、合作学习作为学生学习的主要方式，使学生在自我教育和他人教育的螺旋动态变化中不断增强主体意识与合作意识，提高自主学习和人际交往的能力，并在情感交流的过程中，逐步形成对自我的正确认识。分层教学营造的学习环境，为学生的自由发展提供了平等和广阔的机会和空间。分层教学本着教育要面向全体学生，关注每个学生成长的基本理念，促使每个个体都能按其特有的方式发展，实现个人的最大价值。

分层教学突破了传统的对待学生之间差异的态度——消除差异，而将视角转向了对学生差异的培植、利用和开发，根据学生的差异特点和发展要求，实施有差异的教学，促进有差异的发展。具体来讲，分层教学就是根据学生的智能差异，对不同智能特点和身心特点的学生创设不同层次的教学环境，协调不同层次的教学目标和要求，把不同层次的教学要求置于不同层次学生的最近发展区之中，使教学要求与学生的学习能力水平相互适应的教学策略。在教学过程中，教师以课程标准为依据，在仔细分析课程的知识结构以及充分了解学生认知差异和社会差异的基础上，寻找教学与各层次学生的认知水平的结合点，分层制定教学目标，选择教学模式，确定教学方式，使每个学生都能得到充分的发展，体验成功的快乐。

二、分层教学结构

课堂教学结构是指授课的主要框架、授课活动的先后顺序及时间安排。教学内容中的各环节能不能顺利实现，怎样更合理地设计和进行教学活动，更科学有效地安排讲课时间，宏观协调教与学之间的关系，还有就是在有限的时间里如何更有效率地完成既定目标，都有十分重要的意义。分层次教学法的课堂教学结构由明确分层目标、同步讲授、分层次训练、回授调节四部分组成。

（一）明确分层目标

教师在刚上课时，要运用复习提问、练习测验、实验演示、视频等多种不同方法导入新课，并明确每一节课教学的基本目标、中层目标和发展目标，让学生对这节课引起疑问，激发所有学生的学习兴趣与解决问题的热情。这一环节的基本要求是鼓励、引导，时间不宜过长，2 分钟左右即可。

（二）同步讲授

按照每一节课知识，考虑到考纲要求、教学大纲要求、学生的基本情况，刻意联系不同层次的教学目标，合理地组织教学过程，要在课堂上发挥教师的教学艺术，激发学生学习的积极性，在整节课上争取吸引所有学生的注意力，形成一种有张有弛、轻松愉悦的课堂教学氛围。为了让不同层次的学生落实不同的教学目标，教师可设定合理的教学环节，引起他们的思考和质疑，以此促成教学目标的顺利达成，时间在 20 分钟左右。

（三）分层次训练

让中等生、优等生和后进生分别针对教学目标设计使用主体练习题、探究性练习题和基本练习题进行训练，以此熟悉刚学过的知识内容；教师巡视学生做题情况，观察每一位学生理解教学内容情况，做题过程中遇到哪些问题，适时地指导、纠错与补漏。个别问题单独辅导，共性问题集中讲解，让学生对刚讲过的教学内容在这一环节里做到熟记于心。他们现在的主要任务是练习，做到熟能生巧，而教师的主要职责就是检查学生的做题情况，及时提示做题中出现的问题，当堂进行矫正，设定时间大约 10 分钟。

（四）回授调节

在这个环节中，主要是教师对于学生练习、课堂回答问题所反馈的信息做出相应的评价，对这节内容进行总结，回答大部分学生都有疑惑的问题，并根据授课情况、学生做题情况布置本节课作业，对这节知识进行课后巩固、复习，这样可达到预定的教学目标。

三、分层教学的主要模式

（一）分层教学模式的特点

分层教学模式的特点有以下三个：

一是体现在面向全体，重视学生的差异。教师在实施分层教学过程中，首先要解决的一个问题就是要通过各种方式来全面地了解班级内所有学生的基本情况，然后根据学生的差异来进行合理分层，以便于今后更有效地进行因材施教。消除了智力歧视，易被学生接受，并能让各层次的学生都得到最大限度的发展。

二是体现在以学生为主体，以教师为主导。在教学过程中，学生是学习活动的主体，而不是被动地接受知识、技能的容器。教师的主要任务是如何引导学生积极、主动地投入学习活动中，同时强化教学意识，进行学法指导。在分层教学过程中，教师不仅教给学生必要的知识，更重要的是教给学生学习方法，让其理解学习过程，知道如何去学习，为学生的终身发展奠定基础。

三是体现在分层次教学内含的竞争机制上，使得学生在不断流通的过程中接受挑战，实现跨越，从而易形成生动活泼、互帮、互助、互赶的教学局面，形成多向互动的课堂教学局面，进而减轻了学生的学习负担，提高了学生的学习成绩。

（二）分层教学模式的类型

1. 课堂教学分层模式

课堂教学分层模式在分层教学中是一种重要形式，属于新型教学策略的范畴。这种教学分层中既包括显性分层的特征，又包括隐性分层的元素。教师通过对学生调查、深入观察，了解学生实际，知晓班内每个学生的学业基础、知识达到的水平、学习当前的状况，利用小组合作学习模式，促使教师与学生之间、学生与学生之间的互助合作和激励，给每个学生提供自我表现、自我展示的平台和发展的空间。分层是不固定的，是一种动态的过程，可以采用弹性制，每学年或每学期，甚至每个月、每周都要做适当的调整。另外，学生学科间的差距也是比较大的，所以分层针对的是学科而不是学生。也就是说，同一位学生，好的学科可能分到较高层次，不好的学科可能分到较低层次。依据学科分组会使多数学生各科目处在不同的层次上。

2. 班内分层目标教学模式

班内分层目标教学模式又称分层教学、分类指导教学模式。这一分层模式可行性高，单一教师在单一班内就可实施，牵涉面小，对于想锐意进取的教师来说是值得使用的。它的好处在于保留了学校划定的行政班，但在实际的教学中，教师以不同水平学生的实际为出发点，设定不同层次的教学目标，针对不同水平的学生进行不同层次的教学辅导，实行不同层次的测验，力图使不同水平的学生得到充分的个性发展。具体做法为：了解差异，分类建组；针对差异，分类目标；面向全体，因材施教；阶段考查，分类考核；发展性评价，不断提高。

3. 分层走班模式

（1）走班制教学

"走班制"就是不把学生固定在一个教室，或根据学科的不同，或根据教学层次的不同，学生在不同的教室中流动上课。

学科教室和教师固定，学生根据自己的能力水平和兴趣愿望选择自身发展的层次班级上课，不同层次的班级，其教学内容和程度要求不同，作业和考试的难度也不同的教学方法。"走班制"就是不把学生固定在一个教室，或根据学科的不同，或根据教学层次的不同，学生在不同的教室中流动上课。

学科教室和教师固定，学生根据自己的能力水平和兴趣愿望选择自身发展的层次班级上课，不同层次的班级，其教学内容和程度要求不同，作业和考试的难度也不同的教学方法。

（2）分层走班制教学

学校根据主要文化课的摸底结果，按照学生各科的知识和能力水平，分成三个或四个层次，组成独立于行政班级外的新的教学集体（称为 A、B、C、D 教学班）。走班并不打破最初的行政班，不同的是学生在学习文化课的时候，要到不同的教学班去上课。走班实质上是一种运动式的、大范围的班级学习分层。它的特点在于教师根据各班学生所处的层次，首先确定与大部分学生基础相一致且能实现的教学目标，据此来组织不同班级的教学内容和教学活动，适时调整班级教学内容，从而降低后进生的学习难度。每一层次的学生所学的不同学科的基础知识是一样的，但是不同层次所学的内容难度呈递增状，这样满足了优等生扩大知识面的需求。

4. 能力目标分层监测模式

知识与能力的分层教学由学生根据自身的条件先选择相应的学习层次，然后根据努力的情况及后续学习的现状再进行学期末的层次调整。这一形式参照了国外的核心技能原理，给学生以更多的自主选择权，学生在认识社会及认识自我的基础上，将自身的条件与阶段目标科学地联系在一起，更有利于学科知识和能力的因材施教。在教学上，此模式同时配合有分层测试卡（分层目标练习册），分层测试卡是在承认人的发展有差异的前提下，对学生进行多层次评价，对每个学生的劳动成果给予应有的肯定。实施这一评价手段，对测试内容应当重在对当堂所学内容的检测（只要认真听就可达标），注意对学生新旧知识结构的有机结合的检验，较高层次的学生则侧重于创造能力的检测（要求动脑筋，有创新精神）。

5. 个别化学习模式

个别化学习实际上是一种广义的分层。它基于网络的个别化教学，关键是设计适合各类学生，又方便学生自主选择教学内容、教学目标、训练材料及考评资料等素材。学生利用网络进行循序渐进的分层学习，每达到一个目标后，就自动进入下一个知识模块。由于计算机数据库储存了大量的教学信息，学生在教师的指导下选择教学进度，都能得到相应的提高。

6. 课堂教学的分层互动模式

实际上，分层互动的教学模式是一种课堂教学策略。这里的分层是一种隐性的分层，首先教师要通过调查和观察，掌握班级内每个学生的学习状况、知识水平、特长爱好及社会环境，将学生按照心理特点分组，形成一个个学习群体，利用小组合作学习和成员之间的互帮互学形式，充分发挥师生之间、学生之间的互动、激励，为每个学生创造整体发展的机会。特别是学生间的人际互动，利用了学生层次的差异性与合作意识，形成有利于每个成员协调发展的集体力量。

7. 定向培养目标分层模式

这种模式多限于职业教育，指按照学生的毕业去向分层分班教学。具体做法为：入学时进行摸底调查，既了解学生的知识和能力水平，又了解学生对就业与升学的选择，在尊重学生和家长意见的同时，也反馈学生自身的学业情况，正确定位。然后，以学生的基础和发展为依据，分成两个层次，即升学班与就业班。两个班的主要文化课安排同样的教材、同样的进度，只是教学的目标和知识的难度有所区别，升学班更注重应试能力的训练，就业班则突出文化知识与职业实践的结合。当二年级学生参加水平测试并合格后，学校又给学生提供第二次选择，升学班进一步强化文化课与主要专业课，而就业班则以职业技能训练为主。

8. 网络学习分层模式

网络学习分层模式指的是在广义上的分层。建立在网络的基础上的分层教学，重点是设计内容，这些内容要能够适合各种学生，并且方便学生，让学生能够自主选择学习内容、学习目标、科目训练以及测试材料等。学生利用网络进行自主的分类学习，学习过程逐渐深入，达到一个目标以后，才能够进入下一层次知识层面。计算机的优点在于储存了大量的学习材料，每一个学生可以在教师的帮助下选择学习速度和学习内容，使其得到一定的进步。

四、分层教学实施的原则

（一）方向性原则

教师主导作用的发挥主要体现在导向上，其主要包括以下两个方面：一是以课程标准为依据，协助学生形成知识网络，达到知识掌握目标；二是以能力培养为教学活动的根本，致力于提高学生的素质，为培养新时代的新人服务。两种目标辩证地统一于教学活动中。前一个目标是达到后一个目标的途径，后一个目标是前一个目标的升华和归宿。教师必须审时度势，及时了解学生在教学活动中的知识掌握情况和能力发展状况，力求使获得基础知识与基本技能的过程同时成为学会学习和形成正确价值观的过程，灵活调整教学活动的方向和节奏，促进学生的和谐发展。

（二）主体性原则

教是为了不教，学是为了会学。教学活动的根本目的是促进学生主体的成长和发展。学生是学习的主体，教师是学生学习的帮助者和引导者。学生在学习过程中，任何知识只有通过自己的努力（主观能动性），才能将知识转化成为自己的，为自己所用，而不是完全地接受。所以在分层教学的各个环节中，教师要考虑学生的需求，以学生为中心，以学生为主体，所有的出发点都要满足学生的需求，为学生的发展服务。在分层教学过程中，教师必须让学生从主观上认识到自己的作用，只有自己真正地发挥主观能动性，认真刻苦，谦虚向别人学习，才会取得很好的效果，教师只是起了引导、推动和帮助的作用。因此，要把教师逼着学生学习，改为学生自己主动地学习。学生在分层过程中对自己进行定位，也是分层教学中的一个重要原则，它就体现在学生想学习、想学好，从而根据自己的实际情况，对自己进行正确的定位。分层教学中，教师要在教学活动中尽可能多地把学习时间留给学生，尽可能多地把活动空间交给学生；对学生的评价和对学生的要求，都要考虑到每个学生的实际情况，永远都是把学生放在第一位，从而促使学生树立创新意识，培养自学能力，养成良好的学习习惯。

（三）全面性原则

教育的宗旨是让所有学生都得到良好的教育，取得个人的发展。而应试教育存在这样两个不足：针对的不是所有学科，而只是考试要考的学科；针对的也不是所有学生，而只是那些有望考入名牌学校的学生。在当今社会中，评价学生的标准很大一部分还是考试，每次考完试，利用考试成绩筛选出很多后进生，最后把这些学习的失败者输送给社会。绝大多数教师都喜欢学习好的学生，要对所有学生有平等的待遇，尊重和爱戴，给予相同的关心，是很难做到的。

鉴于此，全面性原则是对主体性原则的细化，是对素质教育要求的具体体现，要求处理好共性与个性、同步教学与分层教学、分班教学与走班教学的关系。同时，要求教师在教学活动中注意两个方面：一个是面向全体，面向每一个学生，改变教学观念，平等看待学生，对中等及中等偏下的学生教学设计要有梯度，让他们都能在自己能力范围内进行尝试，优等生的学习重在点拨，这样为绝大多数中等及偏下的学生提供合适的学习环境，也给优等生留下提升的空间，让学生的发展有下限、无上限，把原来关注部分学生转变成关注全部学生，把提升整个层次学生的发展作为目标。另一个是重视学生全面素质的提高。教师既要注意让学生手、脑、口、眼等多种感官协同活动，又要注意学生多种能力的培养，提高学生的整体素质，开发学生的各种潜能，促进学生个性的全面发展。

（四）民主平等原则

人和人之间是民主且平等的，所有学生都是平等的。教师在教学过程中，要公平地对待每一位学生，不论是学习好的，还是学习不好的，大家都是平等的，不能根据学生的学习成绩而对后进生造成歧视，给学生分等级。我们之所以要分层教学，就是考虑到所有学生的情况，考虑到所有学生都应平等地接受教育、平等地学习，每个学生都应该受到尊重，而不要因为有的学生成绩不好而受到歧视，认为其什么都不行，要清楚他们只是暂时的基础知识比较薄弱，要看到他们的发展潜力，给所有学生提供好的学习环境。教学中，每一位学生都有权利提出自己的观点，提出自己的设想，教师应尊重学生的个体差异性，做到对每一位学生都民主、平等。

同时，民主平等原则强调人与人之间的相互尊重，给予每个人参与活动、展示自己的机会，从而学会合作，善于竞争，促进学生人格的健康发展。民主平等的人际关系，特别是良好的师生关系所营造出来的一种生动、活泼、和谐的教育氛围,有利于教育信息的充分交流和各种思想火花的激发,能够调动学生参与学习的积极性,保证分层教学的各个教学环节取得实效。特别需要提出的是,民主平等原则能够培养学生的民主思想、民主精神和民主参与能力,从而造就一代富有民主意识的新人。

(五) 鼓励性评价原则

表扬和鼓励是提高学生兴趣、增强学习自信心的有效途径之一,能够促使学生经常处于一种追求成功的心理状态。对此,教师要善于运用夸奖的言辞、友善的微笑和热情的鼓励来引导学生学会尊重他人的学习成果,善于发现别人的闪光点。特别要注意保护那些稚嫩的、具有创新特点的思想火花,培养学生对自己能力的自信和获得成就的勇气,激发学生不断成功的欲望,形成积极探索、勇于创新的精神和良好的学习习惯。

(六) 发展性原则

教师的教学不仅要关注学生的今天,更要着眼于明天。教师在教学过程中,必须致力于学生学习兴趣的激发,学习方法的指导,学习习惯的训练,学习态度的养成。必要时,可以组织学生进行学习方法的交流,促使学生相互启发、相互借鉴,不断完善各自的学习方法,找到一条适合自己的有效学习途径,形成学会学习的能力。教师通过巧妙点拨和科学归纳,为学生点拨出一片新天地,归纳出一个崭新境界,为学生的持续发展打下良好基础。

(七) 动态性原则

哲学观点认为,世间万事万物都是运动和变化着的,这种变化既有相对的稳定性,又有阶段性,它有可能是量的变化,也有可能成为质的飞跃。因此,在分层教学中,教师不要给学生划分等级,认为学习不好的学生没有什么发展潜力,并将另一些学生定位为学习优秀的学生。相反,在很多情况下,事物是可以相互转换的,基础不好的学生有可能经过自己的勤奋努力,刻苦学习,查漏补缺,取得较大的进步,而学习好的学生,学习态度不端正,骄傲自满,不思进取,就一定不会取得什么好的成绩。教师必须通过改变学生的层次以鼓励或告诫学生,及时了解学生的心理状况、学生对物理学习的能力和兴趣状况,从而及时调整学生的分层状况。

（八）保底性原则

每个学生的基础知识水平、学习的能力以及学习的兴趣都是不同的，教师要根据不同的学生提出不同的学习要求。对于基础差、能力弱的学生，可以适当地降低学习要求，而不是针对所有的学生采取统一目标，这是不现实的。有些学习任务对于尖子生来说很容易完成，但是后进生可能就不能独立完成，需要教师的指导。但是，对于后进生的目标又不能太低，最终总要完成大纲所要求的任务，只是在时间分配上要多一点。因为在同一目标的条件下，对于学习优秀的学生，他们特别容易就做到了，不需要花费多大的力气，这样会造成这些学生的骄傲自满；对学习不好的学生来说可能变得很难，这些学生本身基础薄弱、能力有限，不能独自快速地完成教师制定的任务，这就会给他们造成很大的压力，可能导致学生畏惧学习，厌恶学习，对学习产生排斥心理。

（九）可接受性原则

可接受性原则要求教师在安排教学任务、准备教学内容、设定教学方法时要充分考虑到学生基础及学生可接受能力，让他们在思维上、体能上和精神压力得到适度的刺激，不至于感到压力太大、负担过重。在分层教学中，只有教师考虑到不同层次学生的实际，因材施教，才能有效提高学生的知识基础、激发学习动机、调动兴趣爱好、培养学习方法、提升认知能力。遵从最近发展区教学理论，在该理论指导下从不同层级学生实际出发，达到让学生"跳一跳就能摘到桃子"的效果。为了实现这一点，首先要全方位、准确细致地了解学生的现实情况，如通过摸底测试了解学生的学习成绩、学习基础，通过个别谈话、问卷、家访、座谈等了解学生个性爱好、学习特长、学习劣势。有了这些数据，就可以准确、科学地对学生层次进行划分，为分层教学做好准备。

（十）递进性原则

根据学生目前的学业状况进行分层，教学更具有针对性，是开展有效教学的保证。分层目标不是"贴标签"，更不是想给学生分三六九等。分层目的是对学生的学业基础进行区分，为不同基础的人提供不同的学习任务和学习目标。学生是活生生的个体，学生的学习不是一成不变的，所以在高中物理教学中，教师要正确理解分层是途径，成长是目的的含义。如果教师能通过多样的评价方法，适时改革评价方式，多给予学生赏识性评价、肯定性评价、激励性评价，学生才能不断进步。

（十一）　激励性原则

分层教学实施的目的就是要为学生提供持久的内驱力，外部的刺激只有最终转化为内部的追求，才能让学生在学习的道路上找到源源不断的动力。教师作为主导者，应该在教学过程中选择合适的激励的时间点，恰当地给予学生鼓励，教师的一个微笑、一句不经意的表扬，都能起到激励学生的作用。特别是当学生遇到困难的时候，教师一定要及时了解情况，为学生排忧解难。教学中，除了时间点，教师还要掌握好激励程度，找到最适当的契合点，既不能因为激励不到位达不到应有的效果，也不能激励过度而过犹不及。这个度的把握恐怕只有在班级教学中和学生慢慢磨合才能找到。教师要激励学生"跳起来摘桃子"，激发学生的学习热情，避免中层学生满足现状，不思进取，避免下层学生产生自暴自弃、破罐子破摔的厌学情绪。一旦学生得到了肯定，他们自然会对学习产生浓厚的兴趣，产生强大的驱动力，从而促进学生的学习。

第二节　高中物理教学目标的分层探究

一、我国高中物理教学目标分类及结构

高中物理教学目标设计的过程是将教学理念、教学设计理论、课程标准、教材和学生实际经验相互整合的过程。这种整合是一般教学论的教育目标设计理论在高中物理课堂教学中的系统演绎。教学目标、教学过程和教学评价是现代教学过程和教学设计的三个重要环节。教学目标的科学设计，能够促进高中物理课堂教学更具实效性，使课堂教学目标更富有物理学科特征，更符合学生的先前经验和全面和谐发展，更具有实际教学的可操作性和可评价性。

（一）　高中物理教学目标分类结构

针对目前教师在教学目标设计中存在的普遍问题，借鉴现代课程与教学目标取向和我国学者的研究成果，结合学科内容特点和学生实际，可以将课程目标的三个维度——知识

与技能、过程与方法、情感态度与价值观系统地演绎到课堂教学之中。

（二）高中物理课堂教学目标体系

在建构目标体系的基础上，对每一个目标领域的各个层次进行相应的定义，规定相关具体的内容，给出教师在目标编写中可以直接使用的行为动词，以便帮助教师理解课程标准精神，掌握教学目标设计原理，切实科学而合理地确定教学目标，为教学实践服务。

1. 知识与技能目标分类结构

（1）高中物理科学知识目标

其可以分为了解、认识、理解、应用四个层次。

①了解。

了解即对知识的回忆、识别和再认；知道知识本身是什么。其内容为识别、再认或回忆重要的物理史实、物理概念的文字叙述及物理表达式、物理量的单位和符号，物理定律、定理、原理、定则的文字叙述和表达式，物理学研究的基本方法，重要物理数据和数量级，物理实验的目的、装置、步骤、结果，常用仪器的构造、用途和使用方法等。

常用词语：了解、知道、描述、说出、列举、表述、识别、简述、回忆。

②认识。

认识即在了解的基础上，进一步知道知识的意义；辨认事实或证据，举出例子；描述对象的基本特征、概念的内涵和外延。其内容是能针对相关的物理概念、规律、原理、定则等举出实际例子，能对基本的物理概念、规律、原理、定则等的不同等价说法进行转化。

常用词语：认识、背诵、默写、排列、辨认、再认、举例说明、比较、对比。

③理解。

理解即与已有知识建立联系，把握知识的内在逻辑联系；进行解释、区分、扩展、转换和推断；提供证据；收集、整理信息等。其内容是领会并能阐述物理概念的组成、特性和引入原因；领会物理规律的由来和使用范围以及物理公式、图像物理意义；能准确地进行物理量单位的转换和推导；对物理概念或规律的文字表述、物理表达式和图像等不同表达形式进行转换；对有关物理问题进行简单判断、推理、概述、归纳、鉴别、改写等；领会物理实验的设计原理、装置特点和操作要领。

常用词语：阐述、解释、估计、理解、计算、说明、判断、分析、区分、比较、分类、归纳、概述、概括、推理、猜测、预测、鉴别、选择、估计、引申、摘要、改写、检索、收集、整理。

④应用。

应用即将抽象的概念、原理等知识应用于新情景中，并能够解答相关的问题；进行总结和推广，建立不同情景下的合理联系等。其内容是能解决具有一定物理背景的实际问题；运用学生实验的实验原理和实验方法进行有关物理量的测定和物理规律的验证或探索；能对较复杂的事物进行分类，对结构或过程进行分解，并在分解的基础上进行综合；将非标准化、非模式化的问题通过推理变换成标准化、模式化的问题；分析影响事物的主要因素和次要因素，并进行简化处理；寻求较复杂物理问题中的隐蔽条件、约束关系和结构；分析物理实验的误差和故障，根据要求设计实验方案，进行有效的实验数据处理等。

常用词语：评估、使用、验证、运用、掌握、应用、计算、质疑、辩护、设计、解决、撰写、拟订、检验、总结、推广、示范、改变、修改、证明、综合、创造、鉴别、评定、评论、评价。

（2）高中物理技能目标

其可以分为模仿、操作、迁移三个层次。

①模仿。

模仿是在原型示范或具体指导下完成操作。其内容是在教师的示范或说明书的指导下，正确地操作高中物理中的基本实验仪器。

常用词语：模拟、重复、再现、模仿、例证、临摹、扩展、缩写。

②操作。

操作即独立完成操作，进行调整或改进，尝试与已有技能建立联系。其内容是按要求独立完成基本仪器或实验的基本操作，能对基本仪器或实验按要求进行安装、调整或改进；按要求设计出实验方案并进行测定或测量；设计实验所用量表，正确地进行数据处理或初步的误差分析。

常用词语：完成、表现、测量、测定、操作、会、能、制作、设计、安装、绘制、尝试、试验。

③迁移。

迁移即在新的情景下应用已有技能。其内容是能用学过的基本实验仪器或基本实验思想方法进行有关的实验设计、安装、测量、测定、验证或动手实验等。

常用词语：联系、转换、灵活运用、举一反三、触类旁通。

2. 过程与方法目标分类

过程与方法是能力形成的支撑，而能力是顺利完成某种活动所需要的个性心理特征，是探索和运用知识的本领，是决定人的活动成效的决定性因素。注重过程与方法目标的达成，对于培养学生的观察能力、动手能力、思维能力、评估能力、表达能力、分析概括能力、交流能力以及创造能力都具有重要作用。过程有两层含义：一是物理学的探究过程；二是学生的学习过程。有什么样的探究过程与方法，就必然有什么样的探究结果或结论。如果说概念原理体系是学科的"肌体"，那么探究过程与探究方法就是学科的"灵魂"。过程与方法目标可以分为经历、感知、探究三个层次。

（1）经历

经历即觉察和注意到知识形成的科学过程。其内容是感受和体验物理学中的科学思想和方法的形成过程；对物理学习中的重要思维方法有明确的意识和体验。

常用词语：经历、尝试、验证感受、体验、参加。

（2）感知

感知即能说明知识形成过程中所采用的程序、方式和规则。其内容是知道物理学中的重要的科学思想方法的一般程序和方式，由此能认识和理解科学过程，并用有关的科学方法给予解释、说明。

常用词语：理解、认识、领会、解释、说明。

（3）探究

探究即在不涉及准备知识的情况下，会用该方法操作程序、方式和规则，以形成新的知识和解决新的问题。其内容是不仅能解决新情境中的有关问题，而且能自我进行科学过程的探索，以及知识的自我完善、探究、发现、组合、结构化等；能较熟练地运用高中物理中学过的最基本的、最常用的、体现学科特色的科学思想和科学方法等。

常用词语：运用、形成、掌握、能、会、有。

3. 情感态度与价值观目标分类

情感不仅指学习兴趣、学习热情、学习动机，还指内心体验与心灵世界的丰富。态度不仅指学习态度、学习责任，还包括乐观的生活态度、求实的科学态度、宽容的人生观。价值观不仅强调人类的价值，更强调科学价值与人文价值的统一；不仅强调人类价值，更强调人类价值与自然价值的统一，从而使学生从内心确立起对真、善、美的价值追求以及人与自然和谐可持续发展的理念。

情感态度与价值观教学目标可以分为体验、反应、领悟三个层次。

（1）体验

体验即从事相关活动，建立感性认识等。其内容是具有乐于从参与到积极参与科学探究活动的表现，对有效的学习活动持赞同的态度，在情绪上表现为顺从，具有一种自我实现的愉悦感和成功感；积极参与学习活动，善于交流、实验、观察、探究、考察、参观等。

常用词语：意识、参加、参与、尝试、寻找、交流、参观、考察、接触、体验、观察、收集、实验、学习、探究、预测、考虑、经历。

（2）反应

反应即在经历基础上表达感受、态度和价值观，并做出相应的反应等。其内容是愿意注意特定的刺激和情境，没有回避和反感的态度；对学习具有主动性、自觉性、积极性，充满学习的兴趣和好奇性；有较强的求知欲望。

常用词语：遵守、拒绝、承认、接受、同意、反对、欣赏、称赞、喜欢、讨厌、关心、关注、重视、采用、采纳、支持、尊重、爱护、拥护、帮助、抵制、克服、怀疑、摈弃、珍惜、蔑视、注意、乐于、敢于。

（3）领悟

领悟即具有稳定的态度、一致行为和个性化的价值观念等。其内容是对科学活动具有一种持久和专注的态度，不但关心科学知识本身的价值，而且对科学的社会价值以及科学对社会和人类发展的关系有较为稳定的态度。

常用词语：形成、养成、具有、热爱、树立、建立、坚持、保持、确立、追求、领略、体会、思考。

二、分层教学目标相关概述

（一）分层目标的类型

每一学科的各学期、各单元、各课时都必须有明确而具体的教学目标。这里主要讨论课时目标。一般课时分层目标大致归纳为以下三类：

1. 第一类

基础性目标：大纲最基本的要求，适用于低层次学生。

提高性目标：大纲较高要求，适用于中等学生。

深化性目标：大纲最高要求或适当拓宽大纲的要求，适用于优秀学生。

2. 第二类

基本目标：大纲要求，要求人人达标。

层次目标：各层次学生经努力后，各自能达到或超过的目标要求。

3. 第三类

共同性目标：为全体学生而设。

选择发展性目标：为有特长和有潜能的学生设计。

(二) 分层目标的制定要求

目标制定的总要求是层次分明、循序渐进、知情统一、简单明了、易于操作。制定教学目标前，首先要做到"三精心"，即精心钻研教学大纲，精心钻研教材，精心了解学生。在此基础上，制定具体的教学目标时，要做到"三注意"，即注意从基础知识、技能培养和思想教育三个方面考虑，将认知、技能和情感三个领域结合起来；注意知识内容要求与学习水平层次相统一；注意既要制定基础素质的群体目标，又要制定针对有爱好、特长的个体培养目标。

(三) 分层目标的制定步骤

1. 确定教学内容的水平层次

目前，教学大纲（或课程标准）一般将学习水平分为识记、理解、掌握、运用四个层次。其中，识记和理解层次是全体学生都可以达到的基本目标，掌握层次是大部分学生可以达到的中层目标，运用层次是基础较好的学生可以达到的发展目标。这三个层次目标由简单到复杂，由低级到高级，并可以针对各自的学科特点做进一步的分解和层级化。

根据各层次学生的实际情况，对教学大纲上目标的学习水平做适当的调整，再按调整后的要求，对教材进行全面科学的分析，找出各知识要素。根据各知识要素在知识结构中的作用以及学生的认知水平，将教学内容按照学生的认知规律，分解成若干个呈递进趋势的层级，使属于同一包容水平上的为一层级，相邻层级则设定足够的跨度。层次过少，就显得粗放，在教学和评估中易遗漏某些具体内容；而层次过多，又会显得过于琐碎，在教学和评估时难以突出重点。

2. 按学生层次确立分层教学目标

所谓目标分层，就是教师以教学大纲（课程标准）为依据，根据教材的结构和各层次学生的实际学习可能性合理地制定出适应各层次学生的教学目标。分层目标在教学活动中对各层次学生的学习起到定位、导向和激励作用，并为学生的逐层递进设立了台阶。确立分层目标是改变全班统一要求"一刀切"，实施"目标—分层—导学"因材施教的基础环节。

分层目标要注意对于各层次学生的适切性和挑战性。分层次目标的制定只有关注学生的"最近发展区"，才能对各层次学生都具备挑战性，并能有效地促进他们"跳一跳就能摘到桃子"，从而为各层次学生的学习可能性转化为发展的现实奠定基础。

在目标分层中，教师要在依据大纲（课程标准）、吃透教材的前提下，针对不同类型的学生提出不同的教学要求，精心确定好两个层次的目标：一是面向全体学生提出的基本目标；二是对优等生和后进生提出的不同目标。例如，在学习"叶的光合作用和呼吸作用"时，对后进生的教学目标是了解其概念、意义和与农业生产的关系，基本理解光合作用和呼吸作用的实质；对中等生的教学目标是在达到以上要求的水平外，能正确分析光合作用和呼吸作用的条件、原料和产物；对优等生的教学目标则是掌握如何用不同的实验来证明光合作用和呼吸作用的条件、原料和产物，能综合分析出光合作用和呼吸作用的关系以及在农业生产中应如何正确处理好这两者的关系等。

（四）分层教学目标的设置策略

教学目标的分层设置是实施"目标—分层—导学"教学方法的首要操作因子。设置的分层目标不但要遵循"下要保底（达到教学大纲基本要求）、上不封顶（可超教学大纲要求）"的原则，使目标层次与各类学生最近发展区相适应，还必须为学生自主选择目标提供可能。如目标要明确、具体，各层目标内细目的能级水平要有层次性，递进要平缓，层间目标难易的跨度不宜过大，目标要求的区别性要陈述清晰等，指令性与指导性目标相结合，教师给予与学生量力自择相统一的运行机制，让学生针对自己的情况自定目标、自选层次进行学习。教师要运用激励性的语言调控学生的学习行为，使各类学生既能达到自定的低层目标，又鼓励、激发、帮助他们向高层目标迈进。制定分层目标要处理好大纲、教材、学生三者之间的关系，把教学内容分解为适于不同层次学生学习的材料，必要时应准备好若干低于或高于教材水平的学习材料。制定分层目标要把握好目标与过程的一致性原则，充分发挥教学目标对教学过程的导向、激励、检测、调控功能，使导有所依、学有所循，导与学步步到位、层层落实。

（五）分层目标的表述策略

教学目标是教师根据教学大纲和教科书预先设计确定的、在具体的课堂教学活动中所要达到的教学结果。它表现为对学生学习效果及教学终点行为的具体描述或对教学活动结束时学生知识、态度等发生变化的说明。

分层教学的一个重要特征就是教学目标的陈述做到层级化、行为化、具体化和作业化，并将这些可操作、可观测的教学目标作为评价教学效果的根本标准，从而克服传统以课堂教学活动本身来评价教学效果的主观性和不可靠性。因此，科学、全面、准确、具体和有层次地陈述课堂教学目标是实施分层教学的一项重要教学技能。

首先，要研究不同学习阶段的目标表述特点，遵循学生的心理、生理发展规律，体现学科特点。在高中阶段，就要充分利用学生的好动、好表现的心理，如"请同学独立（或合作）画（做）……，看谁最先完成……"之类的目标对学生往往更具吸引力。其次，要学习一些表述目标的理论和技术，如行为目标、内部心理状态与外显行为相结合的目标等。

行为目标虽然避免了用传统方法陈述目标的含糊性，但只强调了行为结果而未注意内在的心理过程，教师可能因此只注意学生外在的行为变化而忽视其内在的能力和情感的变化。事实上，有不少属于内隐心理活动的教学目标难以用外显行为术语来描述。为此，采用描述内部心理状态与外显行为相结合的方法陈述教学目标，一般是将大纲中规定的各知识点的教学目标，提供若干适当的行为样例，使这个目标具体到行为化、操作化的水平。

（六）目标的出示策略

在以往的目标教学改革中，可以发现在目标的出示上存在着两个问题：第一，出示目标无主次、无先后，且多为开门见山式。将教案中所写的各条子目标一股脑出示给学生，使学生抓不到重点，找不到学习的切入点。第二，出示的目标缺乏实用性。教师常常将技能领域、情感领域的目标全部交给学生，一览无余，如"本节课的情感领域目标是培养学生热爱家乡、建设家乡的使命感和责任感"等，看似新颖，但实际上使教学失去了"润物细无声"的自然美感。

我们提倡分层教学目标进行分步出示，即根据课堂教学内容和要求，根据课堂教学进展情况，选择课前准备、讲授新课、自学、讨论、练习、课堂总结、布置作业等时机，适时合理地逐条出示教学目标，使出示的目标都恰当地落在学生的最近发展区内，这样学生易理解，愿接受，经过努力就能达到。出示目标的方式可以是直接出示、设疑出示，也可以是创意出示等。当然，每种出示目标的时机和方法都是相对辩证的，它们各有长处和短处，采用何种时机和方式出示分层目标，一定要从教学的整体来考虑，既要让学生明确目标，又要使目标的出示与整个教学过程浑然一体、自然和谐。

三、高中物理教学目标分层的策略

实施分层教学时，其不仅要体现新课程要求的教学内容，还必须充分考虑各个层次学生的差异。教学目标要以学生现有的实际水平和可能达到的水平为前提，要适应每一层次学生的个性特点和学习要求。实施分层教学时，要对不同层次学生因材施教，使他们不仅在人格方面得到不断完善，而且学习能力和考试水平也要在其原来的基础上得以提高。

因此，分层次教学的目标是多元化的，有差异性和层次性的。这种多元化的、有差异性和层次性的发展目标具体表现在以下三个方面：第一，总的教学目标是要求所有学生都要达到共同的基本的教学目标，主要包括学科的学年目标、学期目标和单元目标、课时目标等。第二，在总的教学目标下，各个层次的学生要有不同的分层目标。每个层次的学生有相应层次的学习目标，而且这种层次目标是动态的，是层层相连、逐级递进的序列。第三，各个层次的教学目标都要规定相应的知识与技能、过程与方法、情感态度与价值观。既要有利于提高学生的学业成绩，也要有利于养成学生良好人格和发展学生的心智，使学生的智力因素与非智力因素达到协调统一。

（一）班级总体目标要求

确立班级总体目标要求，要让学生认识到孕育优秀人才需要优秀的班集体，集体的进步和发展是每个学生取得发展与进步的前提和保障。总体目标着重培养学生的集体荣誉感，创建师生之间相互尊重、同学之间相互帮助，教学相长，共同提高的班级文化；引导学生树立远大理想，养成良好的学习习惯，增强学习的自信心；在学习过程中勇于面对困难，发挥自己的特长，敢于展示自我、超越自我。高中物理教学最终要面向高考，教学目标必须考虑提高高考升学率的需要。因此，物理教学总目标既要严格执行国家新课程标准，依据物理教学大纲所规定的教学目标，即获取和解读物理信息能力，调动和运用相关物理知识分析和解决实际问题的能力，使用物理语言来准确描述和阐释物理事物和现象的特征、空间结构、相互关系及发展变化过程的能力，论证和探讨问题的能力，在提高学生物理学科素养和人文精神的同时，要为学生在高考中取得优异的成绩奠定基础。

（二）各层次的教育教学目标

分层教育目标重在培养学生良好的学习习惯和顽强的意志品质，激发学生的求知欲和上进心，端正学习态度，使每个学生相信自己只要努力付出了就一定会有收获和回报；重视理想信念教育和自强自立意识教育，鼓励学生树立远大志向，不断进取；积极引导学生自主学习，独立思考，养成自我管理、自我教育的能力。同时，也要培养学生的集体观念和意识，要善于交流，乐于助人，共同发展。分层教学的教学目标是获得比较系统的物理基础知识，形成物理基本技能，培养物理思维能力、物理探究能力。如能够运用准确规范的物理语言；描述和解释物理事物的特征、规律、成因和发展变化过程；能够运用相关物理知识分析和解决实际问题；能够运用判断、归纳、演绎、比较、概括等方法梳理物理知识，使物理知识系统化、网络化。高中物理分层教学目标的制定要以新课标为依据，但不拘泥于新课标；同时，教学目标层次化。其着眼点是把新课程标准和考试说明的要求具体化、层次化，让每个层次的学生在学习上都有明确的目标，每一个学生都能得到发展，从而全面提高教学质量。

对于教学课时目标可以进行以下分层：一是基本目标要求，能够识记、理解和简单运用教材中要求的内容；二是深化目标要求，除掌握基础知识外，还要能够运用规律解决有关问题，能够分析、总结相关规律；三是拓展目标要求，物理知识概念规律具有复杂性、抽象性的特点，不仅要发展学生的理解能力、思维能力、抽象概括能力、判断能力、推理能力，还要会灵活运用物理基本知识分析解决实际问题。

教学目标分层的实施，要求教师在备课过程中一定要下功夫。备课时，教师应认真研读教材和教学目标，熟练掌握教学的目标要求，对所要划分的教学目标有一个总体的设想，即通过一段时间的学习，学生会学到什么，以及做的每一个事情，要训练学生的哪些能力，使不同的学生要达到哪些目标，这些都是教师教学所要考虑的和要深入研究的。

第三节　高中物理教学过程的分层探究

一、高中物理课堂教学过程分层设计

（一）高中物理课堂教学过程分层思路

按照分层教学教案设计进行分层教学，做到对中等生少讲精练，帮助学生灵活掌握知识、解决问题的技能和方法；对中等偏下学生，则要安排适中的教学内容，做到讲与练适当，对于中等生也要重视基础，充分利用好教材例题和教材的课后习题；对基础较差的学生要努力降低标准、低起点、小台阶、有针对性地控制授课难度，多加练习，让他们都能通过努力体验成功的快乐，从而增强学习的信心和动力。

课堂教学是分层教学的核心，针对不同层次的学生，采取不同的课堂教学策略，课堂教学的基本结构可依教学内容而定，一般包括以下模式：

1. 分层设疑，自我达标，分类指导

基本结构：分层设疑—看书自学—尝试练习—分类指导—归纳总结。

基本要求：上课时，分层提出思考问题、启发思维；布置学习内容，引导大家看书自学；不同类型的学生分层思考，尝试练习；教师针对学生练习中存在的问题进行集体或个别指导；教师对本节课的主要知识点进行归纳小结，强化学习重点。

2. 大班导学，小组议学，个别辅导

基本结构：集中授课—精讲精练—合作交流—个别辅导—突破难点。

基本要求：备课时，以大多数学生能接受的程度来设定教学基调。在此教学基调背景下，制定以 B 层学生为主，同时兼顾 A、C 两层学生要求的教学设计，进行集体授课。授课时，重视双基教学，即基本概念、基本原理、基本技能的讲解、演示、练习，精讲精练，注重对课本例题和习题的处理。指导学生进行合作交流，尝试练习，并安排 A 层学生帮助指导 C 层学生，加深彼此对课堂教学内容的理解。根据学生所反馈的交流情况，进行个别辅导，重点是加强对 C 层次学生的辅导，及时点拨，查漏补缺。

3. 设疑激趣，分层探究，交流共享

基本结构：描述现象—激发兴趣—分层探究—交流共享。

基本要求：教师通过演示或描述某一物理现象或以讲故事的形式向学生提出问题，激发学习兴趣；针对三个层次的教学目标和学生的基础及自学能力，提出各自所要学习和掌握的内容，并分层次要求学生探究质疑；交流共享，对较为简单的学习内容，由 B、C 两层的学生进行解答和相互补充，并及时通过鼓励加以强化，而对于有一定难度的问题，则要求 A 层的学生通过小组讨论、交流，用自己的语言表达出来。通过这种小组交流的方式，有利于加深讲解者对知识的保持和巩固，展示水平，提高自信心，而且还对其他学生的思维提供启示，使他们及时发现问题，加深理解，完善认识，开发思维潜能。

4. 提纲导学，分层训练，层层递进

基本结构：展示提纲—看书自学—分层训练—各取所需。

基本要求：根据教学内容拟定好导学提纲，并通过教学媒体向学生展示，强调不同层次的学生在自学时所要掌握的重点；指导学生阅读教材，了解和掌握相关物理知识；教师通过实验演示、理论推导等方式引导学生完成各自所要掌握的内容。

（二）高中物理课堂教学过程分层的实施

教学分层在实施过程中最为重要，是本课题的核心环节，也是能否取得最佳效果的关键的环节，由于学生都存在个体差异，分层教学在操作和实施过程中难度最大。学生个体差异既有认知和理解能力的差异，也有技能等发展的差异。分层要从教学任务和教学内容出发，要和学生现有水平、学生的发展需要相符合，只有适合学生的、切合学情的教学设计，才能调动学生主观能动性，让学生积极参与学习过程，体会参与探究学习的兴趣，通过每节课的学习让每位学生都能体验成功，感受自我价值。

1. 基于不同类型课程的课堂教学分层

（1）新授课分层教学

新授课的教学面对所有学生，面对的是各层次的学生，是教学需要完成的最基本内容，教学设计起点是最基本的两个层次学生，既照顾 A 层、B 层的接受能力，也能让 C 层接受起来容易。讲解时应当重点突出，详略得当，不能面面俱到，既能让 C 层学生消化，也能让 A 层、B 层学生进一步探究，这样对学生的基础知识、基本概念、基本规律的理解有很大帮助，在培养学生分析、总结、归纳、整理的综合能力上也有很大作用。

（2）习题课分层教学

对于高中物理的学习，多数学生感觉难度大，"教师讲得明白"，但"独立解题"困难，也就是通常所说的"课上轻松都能懂，课下很难不会做"，时间长了就会失去学习兴趣。究其原因，就是因为学生学习还属于"被动"接受，缺乏积极性，习惯于跟着教师走，到了自己单独解题就出现困难，不知道从哪里入手，没有掌握物理规律的本质，找不到寻求问题基本规律、掌握物理基本技能的方法。习题课就是学生对知识"内化"的过程，通过习题对学生物理知识加以巩固，引导学生解决物理问题，对解决物理问题的能力加以提升。

由于学生的差异，教师在选题时难度增加了，通常会出现两难：题目太简单，学业基础扎实的学生"消化快，吃不饱"，能力不能得以提升；题目难度太大，学业基础不扎实，成绩较差的学生"量太大，不能消化"，学习效果较差。分层教学要求教师事先将学习中容易出现的问题进行收集和汇总，并将对应解决方法归类、汇总、整理，把各类问题按照难度进行编排分层。在选题时可选择"一题多解"扩展学生思维，或者选择"一题多变"，这样既增加课堂容量，又诱发学生思绪。如此，首先保证了 B 层、C 层能完成基础知识的学习，保证学生有足够的分析时间。

值得注意的是：第一，学生层次的设定与练习层次的设定不是绝对的一一对应关系，应该在学生力所能及的范围内鼓励学生挑战更高层次的题目，提升自我。在完成对应层次练习的基础上，可以给学生安排部分较高层次的任务，既激励学生挑战自我，又要控制学习的难度，不过分拔高，照顾学生的学习热情，循序渐进。

第二，确定了练习的梯度设置，还应该注意练习时间的安排，相同时间内，不同层次的学生应布置数量不等的习题，以提高高层次学生的效率。基础题是面向全体学生的，即便有的学生自身层次较高，能力较强，也应该强调基础的巩固。在隐性分层教学实施时，因为学生对自己的定位是明确的，所以教师在布置练习时，只要明确各题目的层次难度，学生就可以自主地选择相应的题目。练习时间的控制要参考 C 层次学生完成基础题的时间。这样的练习时间的弹性设置，让所有学生都能在练习时间里提高效率。

第三，注意练习讲评的多样化，同时也要注重学生的主体参与。比如，简单基础题可由学生口头分析，注意高层次学生的回答对低层次学生的启发和示范作用。有的题目可以投影展示，基于分层中针对不同学生的二次分层的特点。投影的答案可以两份或者多份同时对比展示。低层次学生固然可以从其他学生的展示中拓展思路、找寻线索，思路清晰灵活的高层次学生同样也可以从别的层次学生的展示中汲取诸如解题规范性和解题细节注意点的经验和总结。这样可以激发不同层次学生的成就感，提高学生的学习兴趣。对于有一定难度，又必须重点掌握的题目，建议请学生在黑板上板书展示，分步骤点评，强调解决问题的方法和思路，特别是选择解题方法和规律的原因和理由。至于在练习时间里高层次学生做的额外的大难度练习，建议在课后与学生共同讨论、探究，教师给予适当的点拨，明确答案，培养高层次学生善于探究、主动学习的良好习惯。

（3）实验课分层

演示实验是物理教学中的重要组成部分，在演示实验过程中，学生可以观察实验现象，和教师一起分析现象的成因，对相关物理原理有一个直观的认识，对于帮助学生掌握知识有很大的帮助。常规的教学模式中，演示实验通常由教师完成，学生只须要观看并在教师的引导下进行分析。在班内分层教学实践中，为了"尊重学生的个性差异，发现和发挥每位学生的个性和潜能，因材施教，分类指导，为每位学生提供表现、成功和创造的机会"，可以由学生来完成演示实验，教师仅在一旁进行辅助。

从授课效果来看，由学生进行分层演示实验，极大提高了学生学习兴趣和积极性，对于提升他们的学习自信心很有帮助。

2. 基于教学流程的课堂教学分层

（1）激发兴趣，导入新课

兴趣是最好的老师，兴趣是学习的动力，好的开始等于成功的一半。导入部分在每节课的开始，对一节课具有至关重要的作用。刚刚上课的五分钟，大多数学生还未从课下的休息中转入学习状态。要想改变这种情况，引导学生快速进入学习状态，教师要根据分层教学学生的特点合理地创设情境，为学生学习新知识营造一个良好的学习气氛。

以"电功率"一课为例，教师可以设置让 A 层次学生自主探究，向学生提出问题引发思考，引入要有趣、有深度，不要提示，让他们先自行阅读教材，教师可以个别指导。展示形象动画后，让学生按照学案上的问题自学，在学案引导下，引出电功率的概念。该层次引入设计强调学生的自学、教师学案的引导和学生自己的领悟。

对于 B 层次学生，要有趣、引导，不要迫不及待地把所讲知识点告诉他们，让他们先思考、先阅读教材一段时间。同样是观察形象动画，教师不要讲出任何现象和内容，让学生自己思考可以得到什么信息。如果学生说不出或者结论偏离太远，教师可以慢慢由机械功率做类比引出电功率的概念。该层次引入强调学生的自主和教师的引导。

C层次学生则须设计一段引人入胜的开端，将学生吸引到神秘有趣的物理课堂中来，让学生产生对学习物理的渴望，乐于积极参与到物理教学活动中来，从而营造出浓厚的学习物理的氛围。教师可以顺其自然地导入新课。对于知识点"电功率的概念"教学，教材中以人物对话"用电器耗电快慢"引出，而C层次则以形象动画"空调和白炽灯的使用"引入。学生观察到使用空调电能表转盘快速转动，和使用白炽灯电能表好久才转一圈的巨大反差现象后，教师直接引入电流做功快慢的概念——电功率。该层次引入强调学生观察和教师的直接引入。

（2）面向全体，分层提问

科学是在不断的问题中产生的，教师的提问是引导学生思考的重要手段。教师精心设计的问题，是学生和教师交流的媒介，直接制约着教师与学生思想的沟通。好的问题可以激发学生的学习热情，改善课堂效果。所以，教师要精心设计问题，让学生从问题中获得所要学习的新知识。对于A层次学生，教师可以设置跨越性较大的问题；B层次学生须环环相扣，循序渐进；C层次学生则须教师旁征博引，以层层递进的方式不断引导学生说出答案。下一节将对高中物理课堂提问分层展开详细的论述，在此不再赘述。

（3）基于学情，方法分层

针对不同层次学生的学习目标有所不同，教师必须首先掌握相应层次的学生的原有知识水平和能力水平，采取不同的教学方法策略来实施教学，见表6-1。

表6-1　针对不同层次学生制定分层教学策略的方法原则

层次	学生对物理学科的学习要求	物理学科的教学方法教学策略
A层次	遵循物理学科指导意见的要求，按照普通高中学业水平考试的要求和高考选考要求来实施教学；按照考取重点分数线的要求对物理学科进行教学，确保这一层次的学生的物理学科能够在学考中拿到A等，在县市省等各级各类的物理学科竞赛中能拿到名次，物理学科的高考分数比较优秀	物理学科的教学过程要注重培养学生良好的物理思维能力，培养学生科学高效的学习方法；注重学习策略和学习经验的指导，教学内容的深度和广度要适当扩大，增加难度；多些时间让学生自主学习；注重培养学生的实验操作和创新能力；在理科尖子生的培养方面要下功夫

层次	学生对物理学科的学习要求	物理学科的教学方法教学策略
B 层次	遵照物理学科指导意见的要求，按照普通高中学业水平考试的要求和高考选考要求来实施教学，在学生学习方法的指导上和综合能力的培养上必须下功夫，确保该层次学生的物理学科能够在学考中拿到 A 等或者至少要能拿到 B 等，在高考选考中分数上比较理想	物理学科教学过程要关注学生的学习态度，培养学生良好的学习习惯，注重学习方法、策略的指导，勤加练习，慢慢提升学生的物理学科能力，逐步加快教学速度
C 层次	遵循物理学科指导意见的要求，按照普通高中学业水平考试的要求和高考选考要求来实施教学，要求至少能让学生通过学业水平考试，在学业水平考试中可以拿到至少为 C 等的成绩，帮助其能够参加高职类的自主招生和三位一体招生	教学中要放慢教学进度，减慢上课的节奏，降低习题难度；多教方法，对基础知识查漏补缺；课堂上多板演，多示范，注重基础；及时反馈、教学评价应以鼓励为主。对个别后进生要加强补弱辅导

上表充分体现了分层教学中因材施教的特点，由于学生对于物理学科的认知水平和能力水平的差异，教师要采取不同的教学方法策略，取长补短，充分发挥每一个学生的潜能。

其中，A 层次学生物理学科的学习能力比较高，教师就可以多采用讨论式、启发式的教学方法，鼓励学生将所学的物理知识灵活使用，在学生进行物理实验的时候，让学生多多参与实验的设计和讨论。由于这部分学生的理解能力好，自学能力强，教师可以提前把学案发下去让他们自己先预习。教师把学案收起来批阅，在批改中发现学生掌握不好的知识难点，上课的时候可以针对这部分内容重点讲解。通过这种学习方式，可让 A 层次学生在物理学科方面的能力得到更大的提升。

B 层次学生的物理学科水平较好，但是教师仍须要对一些重点知识内容加以引导，设置问题并适当点拨，不能对学生完全放手。在物理课堂教学过程中，须要对学生进行启发式教学，再对重点、难点内容精讲。在学习的过程中，教师要和学生共同探究问题，最后教师要进行规律、概念、方法的总结。

C 层次学生基础较差，教师必须先从培养学生物理学科的兴趣出发，让学生多多参与到课堂当中来，并且能够完成难度不是很大的习题，从而产生对学习物理的成就感。在教学实践中要注重学生良好习惯的培养，注重基础物理知识的讲解，在学生熟练掌握了基础知识以后可以适度地做一些基础的题目。题目的难度不可过大，否则会使学生失去信心。通过做题可以使学生对知识点的掌握更加灵活和全面。

（4）合作学习，拓展技能

对于一些教材中设计的实验，以及适宜开展实验探究的内容，可以让学生通过合作学习、自主探究的方式来解决，以进一步培养学生的实验技能和团队精神。探究性学习也称研究性学习，是指学生在教师的指导下，在学习生活和社会生活中选择并确定研究课题，用类似科学研究的方式主动获取知识、应用知识、解决问题的学习活动。

探究问题、操作细节等，为实验的成功加码；实验完成后，学生进一步完成学案中实验的相关要点如成功关键、结果分析等，使实验更完整、更有意义。在具体探究过程中，针对不同层次的学生，教师要扮演好相应的角色。对 C 层次学生，教师要做好"陪练员"的角色，指导要耐心细致，甚至有些较难的操作教师要亲自示范，手把手地教学生。对 B 层次学生，教师应扮演"教练员"的角色。这部分学生基础较为扎实，动手能力也较好，只要教师适时地点拨、引导即可。对 A 层次学生，教师要扮演好"合作者"的角色，实施掌控、监控、遥控，放手让他们大胆地实践、创新，只要整体思路方法正确即可。

通过小组合作，可以让不同层次的学生互帮互助，优势互补。通过自主探究，可以激发学生科学学习的内在动机和兴趣，培养学生自主学习、主动探索的精神，以及养成独立思考的习惯、解决问题的能力和大胆创新的品质。

（5）分层练习，反馈调节

课堂练习是检验学习效果最及时、最直接的教学步骤，也是学生掌握知识、运用知识的重要过程，也是教师发现问题、解决问题的最好时机。对于分层教学的练习也要进行分层。首先，要对所选的习题分层，根据题的难度、深度和广度分成不同的类别。简单的基础题分为一类，比较复杂的应用题分为一类，运用综合知识的能力题分为一类。其次，对不同层次的学生安排不同类型的习题。这样学生除了能做好本层题之外，也可以参加其他层题目的讨论，有机会尝试更高层次水平的练习，大大激发了学生的探索精神和学习兴趣，并在潜移默化中逐渐缩小不同层次学生的差距。教师在学生进行练习的过程中，要密切关注各层次学生的练习反馈情况，针对出现的问题及时采取对策解决，实施动态调节，把学生的问题尽量在课堂上解决，让学生收到满意的学习效果。

分层上课是分层教学中最难操作的部分，也是最能体现教师智慧和创造性的部分。我们既要面向全体学生，又要关注个性差异。其关键是通过多媒体或导学案，对不同层次的学生提出不同的问题，真正体现出上课的层次性。为了落实分层目标，教师一定要注意先易后难，注重基础，适度提高，真正体现"低起点，小坡度"的层次性，还要注意层次之间的衔接与过渡，使学生能学会，学得自然、轻松。教师要根据教材内容自行设计例题，由浅入深，层层递出，所设计的问题也是因层而问，做到什么层次的学生回答什么层次的问题，真正体现出因材施教和学生的主体地位。

（三）高中物理课堂教学过程分层中应注意的问题

1. 注意教学语言的运用

C层次学生属于学习兴趣不浓、学习能力较低群体，上课注意力时间很短，缺少鼓励和表扬。教师需要通过生动形象、幽默可亲、感染力强的语言（包括夸张、亲和力强的肢体语言）来营造轻松的课堂氛围。由于教学内容安排少、人数少，甚至可以安排游戏、表演、竞赛、谈话等来提高学生学习的积极性。

B层次学生属于积极性受压抑，轻轻调动便可活跃，处理不好又死气沉沉的群体。其上课注意力比C层次学生强，却自信心不足，好高骛远，须要给空间和时间独立思考。必要时教师委婉地给予指导，语言上既要注意不能伤了他们的自尊心，又要能让他们愿意接受建议。

A层次学生学习能力较强，很多时候无须多讲已经掌握知识点，教师语言上的严肃只会增加他们的压力，除了物理课堂要求的精辟、简练、实用、不拖泥带水外，最重要的是生动、有趣，能引起思考。

2. 注意板书设计

各个层次的设计详细程度有所区别。C层次板书设计要足够详细，所讲知识点、例题，课堂练习答案，整节课都要保留在黑板上，不可擦去，让C层次学生课堂上练习时有所依据；B层次板书设计要重点突出，新课结束时能让学生根据重点提示回忆出课堂所学，例题格式详细清晰，留出足够的空白让学生板演；A层次板书设计以填空的方式列出，新课结束时学生能根据填空回忆出课堂所学知识要点，例题格式详细清晰，以PPT陈列练习，以学生板演或实物投影陈列学生练习。

课堂是实现教学目标的中心环节，是教师的教与学生的学相互作用的直接表现。分层教学中的上课环节，不仅要关注教师的教，还应关注各层学生的学，教师要让不同层面的学生在原有基础上得到不同程度的提高。教师在上课 40 分钟时间内做到"精讲多练"。"精讲"指的是教师在上课时用较少时间把重点、难点、关键问题讲清楚。"多练"指的是在课堂教学中，教师应多给学生练习的机会，并加以指导，目的是引导学生通过"练"，达到理解、巩固所学知识和培养学生分析、解决问题的能力。在物理课堂中要在较短的时间内讲清重点问题，同时多给学生练习的机会，真正做到"精讲多练"，又须以物理观察、物理实验作为引入。因为物理是一门以观察和实验为研究基础的科学，以物理观察、物理实验引入物理的重点问题，符合人类的认知规律，有利于物理问题从抽象变得具体，也有利于培养学生认真细致的观察能力和实验能力，进而从本质上掌握重点问题。

二、高中物理课堂提问分层具体策略

（一）课堂提问的相关概述

1. 课堂提问的内涵

课堂提问是指教师有效地预设问题并策略性地实施的一种教学行为。具体而言，是指进行提问设计时，能基于学生的旧有知识水平精心设计问题情景，设计目标明确，能引导学生思维发展，进而实现由旧知联系新知的系列问题。目前，高中物理课堂教学中有效提问策略的研究重点是提高教师有效提问的技能以及培养学生的问题意识。

2. 课堂提问的分类

课堂教学的提问设计应具有明确的设计目的，即教师在设计课堂提问时，要明确问题所对应的学习目标。据此，可将提问分为两大类：一类是低级认知提问，一类是高级认知提问。这两类提问具体描述如下：

（1）低级认知提问

①回忆提问。

回忆提问是检测学生是否记住了所学知识，主要有两类：一是答案是唯一的，用"是"与"不是"进行回答；二是对概念、定律的回忆提问。总之，回忆提问的内容及回答是比较单一的，限制了学生的思维活动。

②理解与运用提问。

理解提问通常用以检测学生理解概念和规律的程度，或引导学生理解文章中词句的含义。理解提问又可分为三个层次：一是一般理解，学生用自己的语言描述事实、事件等；

二是深层理解，学生用自己的语言，综合运用物理知识分析物理现象；三是对比理解，深入比较、理解概念、规律等，找出它们的本质区别。

学生在解答理解提问的过程中，需要用自己的语言回忆、解释、重组所经历的学习过程及学到的知识、方法，因而理解提问属于较高级的提问。

③运用提问。

运用提问就是教师提出应用性的问题，用以检测学生能否进行知识的迁移运用。

（2）高级认知提问

问题没有现成的答案，需要综合分析解答问题所需的关联知识，这类提问就属于高级认知提问。高级认知提问的内容是开放的、多元的，思维是发散的，问题解答的角度可以有多种，学生须要连贯解答问题所需的相关知识，并就此进行综合分析。提问的目的是要让学生通过分析思考，在发展求同、求异思维的过程中获得解答问题的根据和理由。

3. 课堂提问设计、实施应遵循的原则

（1）问题设计应突出重难点

教师应在有限的教学时间内力求达成高效教学目标。为实现这一目的，教师必须重视课堂教学中问题的设计与实施，研究课标要求，钻研教材内容，揣摩教材编者的思想和意图，弄清并理解教材的重难点、易错点以及易混点，在此基础上精心设计与学生生活联系密切、能催发学生积极思考的问题，从而进一步启发、拓展学生的思维。好的问题应用简明扼要的语言呈现清晰的问题情境，促使学生主动了解、探索学习的内容，在有限的时间内把握所学知识的要点。

（2）问题设计应关注学生差异

班级内学生的学习基础、学习能力总是存在明显差异的，传统教学方式无法兼顾学习基础不同的各个层面的学生，主要原因就是教师在进行教学设计时没有充分了解学情，没能仔细研究不同层次学生的认知差异。为解决这一教学中的实际问题，教师应在充分了解学情及学生认知水平的基础上，精心设计不同梯度的由易到难的问题，采用不同的提问类型和方式、变化提问的角度，从而促使不同层次学生都能积极思考，发散思维，让班级内的每一个学生都能在解答问题的过程取得进步，让全体学生都能体验学习的成就感。

（3）提问要注重时机

所谓"不愤不启，不悱不发"，就是要抓住学生的学习欲望，让他们在想知道的时候才告诉他们，提高学生对问题的解决兴趣。目前，先学后教、以学定教的模式也逐步在教学中得到应用，这一模式契合了学生的最近发展区原理，以学生的自主学习、合作学习、探究学习为主，在恰当的时机通过问题来引导学生获得对知识的理解，从而达成知识目标、能力目标以及情感目标。

（4）问题要具有开放性

解决问题的办法并非唯一，这是科学的实践观，也是培养学生科学素养的基础。在教学中，如何引导学生以不同的方式来解决问题，是我们必须重视的一个问题。开放性的设问能带来多元的解决问题的方法。通常，开放性问题以生活实践为基础，以多种解决方式为讨论重点，通过不同解决办法的对比来引导学生寻求解决问题的最优方式，从而进一步培养学生的问题解答能力。

4. 课堂提问的策略

提问在教学中的意义和作用非常重要。恰当的课堂提问可以实现师生之间和谐的互动交流，营造良好的学习氛围，可以启发学生的积极思维，可以实现所需的教学反馈。教学过程中，巧妙有效的提问促进了学生的思考，培养了学生的思维能力，课堂学习效果显著。但是，并不是所有的课堂提问都能达到理想的功效。那么教师应该在何处、何时设问？应该怎样提问？应该如何对待学生的质疑？

（1）针对性策略

物理课堂提问应围绕学习目的、学习任务进行设计。问题涉及的内容要针对学习内容的重点、难点、易错点、易混点。

在物理学习过程中，物理知识具有很强的抽象性，学生是缺乏直观感受的。怎样能增强学生的直观认识，让学生观察到这个现象？教师的提问设计就应该围绕这个目的进行。教师可以选取两个吹起来的气球，提问学生："如何利用这两个气球'观察'力的作用是相互的？"学生答："让气球相互挤压。"教师继续提问："气球相互挤压的部分出现了什么现象？"学生答："挤压部分同时变形。"教师再追问："如何设计实验，测出作用力和反作用力的大小？"学生答："两个弹簧测力计水平对拉。"对应学习目标，针对学习的难点，考虑学情，精心设问，层层递进，学生的思维会紧紧围绕问题展开，最终会取得良好的学习效果。

（2）合理性策略

斯托利亚尔《教学教育学》一书中首先提出"教育合理性"一词，意思是能让学生积极思考，能用自己的语言进行叙述的问题，就算是教育上合理的提问。例如，课本中已经明确给出了相关定义，那么教师再提问学生其概念就不是教育上合理的提问，因为学生能从课本上找到这些问题的现成答案。但是，如果教师提问这几个概念的联系和区别是什么，学生不能在课本上寻求解答，此时就需要学生逐一分析这三个概念，回忆、重组所学的知识进行比较，从而获得结论，这就是教育上合理的提问。

（3）启发性策略

提问要有趣味性，要能启发、活跃学生的思维，学生学习的兴趣才能被完全调动起来，积极主动地与别人探讨原因，最终学生对于知识和问题才会有直观的认识和理解。由此可见，好的提问会极大地激发学生的学习兴趣，能促使学习者在积极、主动的状态中学习、思考，切实而有效地夯实学习者的知识，发展他们的思维和能力。

（4）阶梯式策略

提问要有层次，教师要根据学生的学习基础设计由浅入深、由易到难的"阶梯式"问题。通过提问，实现人人都思考，个个有答问的教学情境，由此带动良好学习氛围的形成。

5. 课堂有效提问的评价标准

评价指标主要包含问题的类型、措辞、目标、难度、内容、语气等方面。

（1）多元的问题类型

教师要根据教学中的实际情况设计针对不同学习目标的问题，选取适合课堂需求的提问类型，从而引导学生学习各种新知。类型不同、达成目标不同的问题在教学中分别起到不同的作用。

（2）简洁的问题措辞

教育实践和大量研究表明，清晰明确的教学语言是有效教学的最重要的特征，教师要通过清楚明了的提问措辞，使学生明确问题的内容、学习的知识以及解答的方式。

（3）明确的问题目标

问题目标的标准从三个方面评判：一是问题有没有明确的目标；二是所确定的问题目标有没有价值；三是设计的问题目标是否符合学生的需要，即该问题能否真正促使学生积极、主动地参与课堂学习。

（4）适宜的问题难度

教学过程中，应提出根据学生的认知水平设计的难易适度的问题，使学生能充分运用学到的知识来回答。设计的问题的难度远低于学生的认知水平，则学生会因为太容易而丧失兴趣；远高于学生认知水平的难题则会挫伤学生的自尊，打击学习的信心。

（5）合理的问题内容

教学中，教师应充分了解学生的认知水平，清楚学生的学习基础；要钻研教材，明确教材中相关、相近知识点的纵向与横向联系，明确每个知识点的学习目标。以此为基础，才能设置和提出符合学生需求的问题。

（6）恰当的提问语气

教师在进行提问教学设计时，要考虑学生的心理特征对于物理课堂学习的影响，要让学生从教师的提问中感受轻松、自信、和谐的情感传递。唯有如此，学生才会积极主动地参与课堂交流活动。因此，教师的提问设计中应考虑采用何种语气进行提问。

（二）高中物理课堂分层提问

1. 课堂分层提问的概念

分层提问可以作为有效提问的一种策略，也可以作为分层教学的一个方面，无论从哪个角度来谈分层提问，它最终的归结点还是分层，如何去定义这个分层是研究的重点。分层教学主要是尊重学生个体差异，而众多学者提出的有效提问的策略，也主要是关注学生的差异，分层提问的目的肯定还是实现有效教学，但是差异性的范围就不局限于学生的差异。鉴于此，分层提问的定义是，是以学生的个体差异为基本点，围绕提问环节、提问环境、提问内容等方面存在的差异进行提问，使每个学生都能得到发展，并获得最有效的课堂教学。

2. 高中物理课堂分层提问的具体策略

基于物理分层的课堂提问，教师应首先把握问题层次的设置，对于 C 层次学生，应优先回答直观性较强的基础问题。类似物理学习中的基本概念和容易理解的规律、简单的例题的规范性解题操作，同时对稍具灵活性的问题应该鼓励此层次的学生大胆思考，尝试回答，以提高学生的思维深度。

对于 B 层次学生，问题的设置难度中等，既不能一眼到底，又不能过于复杂。应该需要学生进一步地整合知识，认真思考后才能找到答案。例如，对较为抽象的规律总结，可以让此类学生大胆尝试，即便回答不能做到完整到位，但对于学生的物理思维和习惯的培养有很大的好处。同理，对于难度较大、综合性较强的问题，经过课堂观察，也可以让有想法的学生尝试回答。

在课前准备过程中，针对提问部分，教师应该提前划分出问题的层次，规定好题目的数量，设计好提问的时间，确定好提问的层次对象，针对课堂可能的生成做好充分的准备和引导。只有在正确的时间选择好正确的对象，提出正确的问题才能取得最好的提问效果。提问的最终目的是让所有层次的学生形成更高层次的思维习惯和思维灵活性。

有经验的教师在授课时都可以很自然地将所提的问题归类并有效指向某一层次的学生，每位教师都有自己独特的提问方法和标准。另外，在实施分层提问的过程中还要注意以下四个问题：

一是突出学生主体作用。课堂问答不仅仅存在于教师和学生之间，要注意问题的衔接，发掘学生的主体作用。有的问题完全可以在教师的引导下，让学生通过充分的讨论解决问题。此时，教师要承担的只是引导、规范和课堂方向的整体把握。同时，一个问题可以让不同层次学生都获得收获。例如，较高层次学生的回答，必然会对较低层次的学生产生启发；有时，较低层次学生的回答也能在解题规范性等方面使高层次的学生受到启发；学生对问题的回答，后面学生的补充，最终通过学生集体努力得到完整正确的答案，对所有的学生都是有帮助的。对于以上情况，如果教师处理得当，恰当地穿针引线，会让所有学生都有所收获。

二是确保提问的环节完整，以达到预期的效果。提问是教学实施的重要方法也是教师调控课堂的重要手段。课堂的教学时间有限，要在短时间内激发学生的求知欲，提高课堂效率，教师提出的问题都应指向明确，问题的提出是为了解决什么问题，重点要关注的是哪个层次的学生。另外，提问应该包括问题的提出、问题的解决和问题的结论总结。如同议论文的三段式要求，每个环节都应该完整，既要重视学生在解决问题过程中的思考、参与和合作，也要重视学生在教师的协助下得出最终的结论，让学生可以明确知道问题的答案，哪怕是开放性的问题，最终也应该让学生明确解决问题的原则与方法。不能因为提问让学生在课堂上产生更多的疑问，那就事倍功半了。教师应该悉心准备课堂的提问，对每个提问都有精心的安排、解决的思路和明确的结论。

三是对于课堂生成的充分准备和灵活应对。学生是有独立思想的学习主体，在课堂教学过程中不可避免地会产生各种疑惑与质疑，课堂生成的有效处理是教学过程中最体现教师水平的部分，也是课堂教学中最精彩的地方。首先，教师在备课阶段，对于课堂可能生成的问题（同时也是教学的重点、难点）应该有所预判，从学生初学者的角度思考面对新知识可能出现的困惑，并悉心准备应对举措，能够引导学生通过思考理解、掌握新知识。其次，在教学进行过程中，教师对于突发的不在准备范围内的问题，应该冷静、快速地分析学生提出问题的原因，思考如何依托学生，引导学生，并合理利用学生的层次性，让每个层次的学生在思考同一个问题时都能有收获。特别要注意的是，课堂生成的问题由于其突然性、偶然性、紧迫性，很有可能会打乱教师对课堂空间和时间的把握，教师一定要沉着应对，冷静处理。

四是提问的针对性和互补性的有效渗透。教师提出的每个问题都应该有侧重点，目的明确，即要通过提问来达到什么目的，对整个教学构架有什么帮助；对象明确，即问题难度的设定、层次的要求主要是针对哪一类的学生。不同层次的学生在提问的难度、方式，甚至语言组织方式上都不尽相同，要求知识掌握的程度也不同。提问不是教师自己的事情，也不是教师和某一部分学生的活动，提问应该是教师和不同层次学生一起参与的活动。因此，即便有的问题是针对某一类学生，其他层次的学生也能在参与活动的过程中有所收获，形成互补效应。比如，教师提出问题，先由低层次学生思考、回答，再由高层次学生示范性回答。通过对比，既使高层次学生巩固基础知识，又让低层次学生对问题有更规范、更深刻的理解。教师再提出一个模仿性提问，巩固低层次学生的认识。这样，教师提出一个问题，激发大家的求知欲，使所有层次的学生都动起来，各抒己见，各取所需，达到全体学生的共同进步。

第七章　高中物理课堂有效教学的实施

第一节　高中物理课堂有效教学的理论

一、有效教育的含义与特征

（一）有效教学的含义

要达到对"有效教学"的科学理解，出发点是对"有效"和"教学"两个概念的完整理解，然后在"有效"和"教学"理解的基础上概括出"有效教学"的含义。

1. 对"有效"的理解

在日常生活中，有效是人们经常使用的一个词语，如时常听说"这是一种有效的方法""采取了有效的措施""这种药很有效""进行了有效的沟通"，等等。此外，还有一些与"有效"经常连接在一起的用语，如有效时间、有效成分、有效电阻、有效性等。在这里，有效除了效用、作用的意思外，还有各个专业上的特定含义。

在词源上，首先在汉语中，"有效"二字可以单独理解，根据《辞海》的解释，"有"字的第一项和第二项释义分别是"具有、拥有、保有"和"哲学范畴与'无'相对"。"效"字的首项释义是"效果，功用。如有效，见效。《淮南子·修务训》：'效亦大矣。'"关于"效"字的解释，在其他辞书上的释义与《辞海》的大同小异，如《现代汉语词典》上的首项释义也是"效果、功用"。从互联网上几种主要在线字典查到的关于"效"字的解释如下：《在线汉语大字典》中是从攴（pū），交声，"攴"有致力的意思，本义为献出、尽力；《中华在线词典》中是指行为产生的后果或事物产生的功用，如功效、成效、效果、效益；《汉典》中的解释是功用，成果。由上可见，"效"主要指"功效、功用、效果"的意思，前面加"有"字，按汉语习惯就是"具有、拥有、保有功效、功用、效果"的意思，与"无功效、无功用、无效果"相对而言。"有"、"效"二字连用是从现代才开始。《现代汉语词典》中的解释是"能实现预期的目的；有效果"。

由上述对"有效"的分析，对"有效"的理解至少包括三个方面：其一，有效是功用与效果的结合；其二，有效是内隐与外显的统一；其三，有效是具有正向功能的，是积极、正向的作用。

2. 对"教学"的理解

在教育界特别是教学理论界，对"教学"概念的理解一直以来存在不懈探讨，也正因为如此，学术界对"教学"概念的使用、理解及界定已日趋成熟。

首先，从对教学概念的界定上存在不同的指称角度看，有四种类型：一是在"教"的意义上使用并予以界定，"教学"所指称的是"教"，即仅从教师、教育者的角度理解教学概念。如"教学是教师根据社会需要，按照确定的教育目的，通过向学生传授知识，完成教学任务的双边活动"等。二是从"学"的角度界定教学概念。如有学者将教学定义为"学生在教师指导下在掌握知识过程中发展能力的活动；在此基础上，增强体质并形成一定的思想品德"。三是指称"教"与"学"协同活动的"教学"，即明确指出教学是教师和学生的共同、双边或统一活动为总的标志；或曰教学是指教师传授和学生学习的共同活动，通过教学不仅使学生获得知识技能，也发展他们的认识能力，同时培养他们的思想品德；或曰教学是以课程内容为中介的师生双方教和学的共同活动，是学校实现教育目的的基本途径，其特点为通过系统知识、技能的传授与掌握，促进学生身心发展；或指出教学是教师的教和学生的学组成的双边活动等。四是在"教学生学"的意义上指称"教学"，即把"教学"定位于教师"教学生学"，他们或如第三类观点同样明确认同于教与学的共同性或统一性，或并不明确提出这一点，或明确指出将"教学"一般化、简单化地理解为"双边活动"。

其次，从教学概念的逻辑归属看，"教学"概念的不同定义中存在着属类规定上的差异。归属的视角、层次不同，对教学概念的理解也就相去甚远。概言之，存在着四种类型：一是把教学归属于"教育活动"。把教学的概念确定为"教育活动"是人们普遍认定的"教学是教育活动"观念在概念界定中的直接表现，也是教学概念归属的最常见的模式、最正统的视角。其逻辑前提存在于"教育"与"教学"的直接蕴含关系中，"教学"作为教育特别是学校教育的基本途径、基本形式而获得全部教育学意义。有代表性的表述如"教学是教师引导学生按照明确的目的、循序渐进地掌握教材为主的一种教育活动"。二是将教学归属于"认识活动"。把教学归属为认识，强调的是教学活动中的学生的学习或认知方面及其作用和结果，突出了教学的积极的认识活动；"教学是一种以教材为中介，学生在教师的指导下掌握知识的认识活动"等。三是将教学归属于"实践活动"。这种观点强调教学中学生的发展既是实践的结果也是实践的过程，突出教学的实践属性。教学活动是学校中师生基本的生活实践方式。教学是教师的实践，乃其职业实践及生活实践；教学也是学生的实践，乃其自我发展的实践和特殊生活实践。有代表性的如"所谓教学，是借助'学科'这一特殊的媒介促进'学生发展'的教育实践"。四是将教学归属于"交往活动"。这类观点认为教学是以交往的形态存在着的。教学存在是在特定条件下教师与学生的交往，教学通过交往并在交往中而发生、存在和演化，教学即交往。交往是教学存在的基本形态，是教学的存在域。换言之，所有的教学都是交往，尽管可能不同的教学有不同的特点、不同的具体形态，但不论何种教学都是以某种交往形态而存在的。但这并不是说交往即教学，甚至不可以说，教师与学生的交往就是教学。教学作为师生交往的一种特殊形式，或者说，作为师生之间的一种特殊交往，由于其目的、内容、对象、形式、关系等的复杂性和特殊性，而获得了自身独特的规定性。典型的表述如"教学活动是教师的教和学生的学组成的双边活动"，是"发生在师生间的一种特殊的交往活动"。

3. 有效教学的含义

以上述对"有效"和"教学"的理解与分析为基础，有效教学的含义可以从以下五个方面体现出来：

第一，这里把"教学"定位在教师的"教"与学生的"学"两者的双边、有机统一的协同活动。把教学概念的逻辑归属于"交往活动"。为什么这样定位和归属，这是在对"教学"之本质的诸说进行考察的基础上认定了"交往说"。新中国成立以来，从我国教育理论界对"教学"本质的探索历程看，先后经历了"认识说""传递说""实践说"和"统一说"等，这是和教学目标的历史演变以及教学形态随之发生相应演化有关的。最初强调基本知识和基本技能的落实，后来提出要重视智力开发和能力培养，再后来认识到要重视创造力、个性和主体性的培养。这是一个对"教学"本质和功能不断深化的认识历程。而要确立、弘扬和凸显学生的主体性，离开了交往就难以成为可能。这也是当今时代人类崇尚科学、创新、民主和平等的时代精神在教育领域的体现。

第二，这里采用"教学"作为"有效教学"的上位概念。"有效"作为"教学"的限定词，"有效教学"亦即"有效"的"教学"，而不是把"有效教学"看作整体的教学思想。按照对"教学"本质为"交往"的认定，那么"有效教学"当是一种"有效"的

"交往"。"有效"的"交往"作为对"有效教学"的本质理解,其着眼点在于"相互作用"。教学过程中的交往主体间在心理上和行为上均存在着相互作用。一方面,教师对学生的作用表现为引导、维持、启发、激励学生的学习,包括对学生的情感、态度、价值观等的影响,而学生学习水平的提高和主动积极的学习表现反过来又可以促进教师不断地获取新知、不断地提高教书育人的技艺、教学思想的形成以及职业道德、精神的提升,即教学相长。另一方面,学生与学生之间也存在相互作用,同伴间在学习过程中,自觉或不自觉地交流信息和情感,相互切磋、增进了解,形成较高的心理认同感。即使发生竞争、冲突和对立,也是一种相互作用的形式而已。

第三,有效教学是针对教学的正向、积极功能而言。教育存在着正向功能和负向功能,这不仅指教育的本体功能有正向和负向之分,而且由教育本体功能而来的派生功能也有正向和负向之分。因为,首先应当明确,功能本来就是一个中性的概念,它泛指构成某一社会系统的要素对系统的维持与发展所产生的一切作用或影响。既然是作用,那么就可能是促进作用,也可能是阻碍作用;既然是影响,则既包括积极影响,也包括消极影响。这就是说,作用或影响的性质,并非只限于"贡献",而是包括"贡献"与"损害"两种可能,具体为何种性质,要根据要素对于系统的功能输出实际状况而定。教学作为学校教育的一种基本教育活动,自然也具有正向和负向功能之分,凡是遵循客观规律的教学活动应该能够发挥教学的正向功能,凡是违背客观规律的教学必然产生教学的负向功能。有效教学就是指教学的功能和结果好的教学,不是指功能和结果坏的教学。假如把功能和结果好的教学再区分程度上的差异,这里认为有效教学仍然是指程度上好的教学。

第四,有效教学必须达成一定的教学目标,也就是说,有效教学与目标的达成有关。学校教育活动有明确的教育目的,教育目的是学校中一切教育、教学活动的出发点和归宿,它指导和制约着学校的一切教育、教学活动。而教学目标就是进一步具体化了的教育目的和培养目标。教学目标又可以进一步划分为某一学科、某一阶段、某一节课的更为具体的目标。教学目标是教学活动的出发点和最终归宿。人类的教学活动是具有明确目标的教育实践,只有很好地实现了目标的教学才算是好的教学。教学目标可以作为衡量教学是否有效的重要尺度。因此,有效教学应该是充分地达到教学目标的教学,既达成了短期的具体目标,又趋近长远的理想目的。除此之外,对于有效教学,还应该是一种追求当下的先进教育、教学理念的教学。因为不管是教育目的还是教学目标,都是随着时代的发展而不断更新和演进的。从这个意义上说,有效教学也是一种动态发展的教学形态,每个时代都有自己的有效教学的模式和含义，这是由教学的目标和功能所决定的。那么，我们这个时代的先进教育、教学理念理应落在追求科学与创新、民主与平等的理想境界和弘扬人的主体精神以及人与自然和谐共处与发展的理想目标上。在教学上的具体化就是有效教学应该追求新一轮基础教育课程改革所提出的三维目标，即知识与技能，过程与方法，情感、态度与价值观。

第五，有效教学必须以人的培养和发展为核心。培养人、促进人的全面发展是教育的基本目的之一，由此，教学的基本目标自然也是以人的培养和发展为核心。这也是由教育的本体功能所决定的。具体而言，有效教学要关注学生的身心素质发展方面的积极变化，这些变化既包括学生的知识、技能、兴趣、态度、价值观等方面，也包括创新能力、实践精神等方面。有效教学的评价问题也应该是以学生的发展为核心，虽然有效教学的切入点可以侧重在教，但核心的价值一定是以学生的发展为指归。这也是有效教学在价值层面上的追求。那种"见物不见人"的教学已不是我们这个时代的有效教学。学生成长并不是仅仅凭借学生考试的分数能够评定的。关于如何评定又是一个复杂而富有挑战性的问题。当然，有效教学以学生的发展为核心，并不是说不去关注其他方面的因素，如教师因素、教材因素、环境因素等，因仅仅关注学生的发展而忽视了其他因素对有效教学的影响，学生的发展也必然会受到影响。

综上所述，对有效教学的含义可以从概念的逻辑归属、概念的属种差以及事物的本质等角度进行归纳表述为：有效教学是指教学过程、教学方式、方法均遵循教育规律和学生身心发展规律，教师与学生以及学生与学生之间的交往能够和谐、有机地统一教学，教学内容满足学生和社会发展的价值需求，教学结果是充分地促进了学生在知识、技能、方法、思维方式、情感态度以及价值观等方面的进步与发展，从而达到了预期的教学目标，逐步把学生培养成具有主体性和创新精神以及实践能力的人才。

（二）有效教学的特征

有效教学作为教学的一种理想而又特殊的形式普遍存在于各门学科、各个年级的教学之中，其具体形态多种多样，表现形式各不相同。国内外学者们对有效教学的特征概括也不一致，可以说见仁见智。尽管如此，有效教学的特征并不是无从把握的。我们可以从多种多样的有效教学现象中归纳和抽象出有效教学的共同点，我们可以将这些共同点称为有效教学的特征。有效教学的特征就是指有效教学的独特征象、标志等，即有效教学区别于低效、无效甚至负效教学的标志。下面通过对教学现象的考察和对有关文献的研究，认为有效教学存在如下一些基本特征。

1. 有效教学是让学生快乐地教学

快乐（joy），也称愉快（delight），指所期待的目标得以实现或需要得到满足之后，内心的紧张状态解除时所产生的一种轻松、满意的情绪体验。引起快乐最主要的情境条件是一个人追求并达到了目标。有效教学要创造条件让学生对学科学习生活感到满意，包括对学校文化的认同感、学习过程的自我感觉良好、学习结果的认同感、与教师及同伴相处的感受满意等。其中，最重要的是学生随学习成功而产生的自信和自我成就感，而学生的学习成功未必意味着测验成绩的绝对分数高，只要学生通过自己的努力达成预期目标时，他对自己的学习生活才会产生满意之感，从而维持学生继续努力学习，形成良性循环，避免学生在挑战性的学习过程中产生习得性无助感。由此可以认为，让学生快乐的有效教学更多的是在心理感受的意义上去讨论的。我们也可以把它作为有效教学的评价依据。有了这种评价的导向，才能使学校和教师树立起以学生为本的正确观念。

2. 有效教学是对学生有启发的教学

有效教学应该是教师启发学生去举一反三、触类旁通，而不是让教师代替学生去举一反三、尽详解之能事。但现实中，教师往往出于应试的需要，不经过学生的思考就轻易地把现成答案告诉学生，甚至给学生强调这是标准答案，无须学生的质疑。这种做法与有效教学相去甚远，值得我们今天的教师在教学中思考和警惕。有效教学不仅是让学生知其然，还要启发学生追根究底，达到知其所以然，只有这样，学生习得的知识才能灵活运用，才能培养学生独立思考的能力。

3. 有效教学是激起学生求知欲的教学

求知欲是人对知识、技能的渴求和占有的心理倾向。求知欲与好奇心都是学生学习的重要动机，也是激发学生创造性思维和想象的重要因素。二者源于人类的探究本能。但求知欲受目的的指引，有一定的方向。简单地说，求知欲就是人的一种内在的精神需要——认知的需要。学生在学习过程中遇到新问题或新任务，感到自己缺乏相应的知识时，就产生了探究新知识或扩大、加深已有知识的认知倾向。这种情境多次出现，认知倾向就逐渐内化为学生的求知欲。求知欲将有利于促进学生对学习过程本身发生兴趣，从而提高学习的效果。学生的求知欲是可以培养的，培养它需要有适宜的环境和正确的引导。有效教学要维持学生对未知世界的探索，激起学生的求知欲是十分重要的。有关研究表明，教师自身在教学中表现出来的强烈的求知欲，也会对学生产生潜移默化的影响——助长学生求知欲的发展。此外，通过其他途径和措施培养学生正确的学习动机也有助于求知欲的激发和培养。相反，学生的好奇心、求知欲如果得不到支持与扶植，就会泯灭。

4. 有效教学是预设与生成辩证统一的教学

教学的预设与生成是有效教学的二重性问题，"预设性教学"就是教学活动过程有内在的、本质的、必然的规律，所有教学行为都是由其本质和规律事先决定的。"生成性教学"是后现代教学观所强调的一种教学形态，是指教师在师生互动的过程中，根据课堂中师生互动的状态及时调整教学思路和教学行为的教学形态。有效教学从教学的主体、内容、过程以及情境角度都存在二重性。有效教学的这种二重性具有共处、互补的辩证统一关系。现代教学论从预设走向生成直至把二者作为辩证统一体，是有其方法论上的必然性的。近代科学与哲学领域的发展历程就是由决定论、因果论走向不确定论和概率论。相对论、量子论、以"蝴蝶效应"为发端的复杂性理论等自然科学的重大发现突破了牛顿的稳定的宇宙观，从而引发了哲学领域的深刻变革，后现代主义的诞生便是明证。这种变革同样渗透到教育领域，使教育研究者开始反思教学的科学性和艺术性之间的关系，由此"有效教学"便应运而生。

5. 有效教学是条理清晰的教学

条理清晰是有效教学的特征之一几乎得到了绝大多数教学研究者的一致认同。例如，有研究者认为教学清晰明了促进了学生更好地学习，提高和改善了学生的学习成绩，是有效教学的最重要特征，教学的清楚明了被证明产生了良好的教学效果，教师清楚解释的能力是有效教学的重要品质，还有论者通过调查发现，教师清楚讲授的能力比其他有效教学的特征更重要。教学中的清楚能帮助学生更好地理解，更准确无误地学习，并取得更好的学习成绩。还有研究者认为，对效果有显著影响的教学特征有通过教师的教学，学生的能力得到提高，教师的教学表达清楚，教师有自己的教学风格和特点等六项特征。也有研究者概括了有效教学的最主要、最基本特征是教学清楚明了，充分地准备和科学而合理地组织教学，教学中关注学生并与学生合作，教学促进学生进一步发展，富有教学热情。条理清晰也可以说是有效教学最基本的特征之一，这也是符合人类的认知特点的。

6. 有效教学是教学目标合理科学而又明确的教学

要成就一件事情，一定要以目标为导向，才会把事情做好。教学工作也一样，让学生明确学习目标，并以此为导向，展开课堂教学全过程。有效教学的教学目标如何设置？首先，要对教学目标进行全面的分析，知道哪些目标是近期的，哪些是中期的，哪些是要通过长期的全方位的努力逐渐达成的，甚至有些只是我们教育的理想目标，教学只能向这种理想趋近而已。其次，要合理科学地设定教学目标，遵循学生的认知规律。例如，把目标设置在学生的最近发展区，让学生"跳一跳，能够得着"就是一种充分地考虑学生认知规律的做法。最后，要至少把教学的近期的、具体的目标明确地告诉学生。在目标建立初期，教师和学生还可以共同参与决策，把教学目标从上到下层层分解，明确具体落实的程序。以此激励学生向目标挺进，从而发挥出目标的应有作用和价值。除此以外，有效教学在目标实施过程中要进行目标监控和反馈。要实现有效的教学，就必须实现教学的每一个环节的目标，这就须要对各个环节进行必要的监控和反馈。

7. 有效教学是教学时间得以有效利用的教学

关于教学时间的分配，涉及教学方式和效率问题。有效教学的时间分配应该充分考虑教学的目标、教学内容的特点、学生认知特点、教师自身风格以及如何调动学生学习的兴趣等因素。从根本上说，有效教学的教学方式只能按照教学的实际情况而定，或讲授，或讨论，或活动，或实践，教师要熟悉各种方式的优缺点，知道各种方式都有特定的教学情境可以采用，只知道机械地搬用某一教学方式，肯定不是有效教学。例如，对于讲授法，一般来说，在下列情况下可以采用：学生在学习新知识时缺乏了解的背景知识；学生自己解决不了知识难点；学生容易忽视或混淆概念原理；教学环节之间的过渡、衔接；时间不容许让学生进行充分的讨论、探索。而有时教师往往把握不准讲授的时机，该讲的不讲，不该讲的却滔滔不绝地讲的现象时有发生。有效教学的时间如何有效利用是一个与教学实际情境联系十分紧密而又十分灵活的问题，它涉及不同的学生在不同时候的需要的差异性。正因为如此，因材施教永远是人类实施教育时遇到的亘古难题，也是现代教学论研究如何提高教学效率时必须深入研究的课题。

8. 有效教学是教学生态环境和谐的教学

在教育领域，生态具有自然生态和文化生态的双重属性。课堂生态的"生"既是生命（生命教育）又是"学生"，"态"是指形态、样子，换言之，课堂生态即课堂生命（学生及教师）及其生存空间或环境的状态。因此，课堂生态是教育生态最重要的组织形式，它是一种特殊的生态，是生命系统与环境系统在特定的空间课堂中的组合体，它由教师、学生和课堂环境三个部分组成。其中，教师与学生是课堂生态主体，课堂主体与课堂环境是课堂生态的两大基本要素。它们之间存在多维复杂的关系。师生之间是人与人的关系，师生与课堂环境之间是人与环境的关系；不同要素之间相互作用、相互影响、相互依赖，体现了课堂生态系统特有的多样性和有序性，形成了完整的课堂小生态。这个生态的状况直接影响学生的学习、成长和发展。由此可见，有效教学应是教学生态环境和谐的教学。和谐的教学生态环境充满人文关怀的氛围，它不但对学生的知识、技能的形成有很大的帮助，而且对学生积极的人格、价值观的形成具有深刻的影响。

9. 有效教学是关注学生持续终身发展的教学

可持续发展原本是环境保护的一个基本理念，现在已成为国际社会广泛认同并崇尚的社会发展观，也是教育理论和实践研究所关注的一大课题和追求的一大目标。有效教学自然要关注学生持续终身发展，为学生提供终身发展的源泉、动力和永不枯竭的持续后劲，也就是使学生习得可持续发展的基本能力和生存智慧。学生的终身学习发展其实就是现代社会对人才的要求。为了使教学达到这一目的，需要将教学的短期计划扩展成更为长远的目标。有效教学能否真正实现关注学生持续终身发展，首先，取决于教师是否获得可靠的理论认识，使得他们有能力依据学生需求，有效改进自身教学实践的能力。当教师遇到具体的教与学的挑战时，他们就能借助理论对于自身实践方式做出相应调整。其次，取决于教师是否具备专业的、自主调节性的探究能力。借此，教师就能收集相关实证资料，并用来评价其教学实践的有效性，就改进教学不断做出调整。

10. 有效教学是教学相长的教学

以上有效教学的九大特征基本上是从学生的角度进行概括，除此之外，有效教学应该还有一大特征，就是从教师和学生共同发展角度概括，即有效教学是教学相长的教学。有效教学不但关注学生的全面发展，而且关注教师的专业、人格的和谐发展，两者应该是相辅相成的关系。以牺牲教师的身心健康和精神享受为代价的教学，无论如何也难以成为可持续发展的教学，不可能是真正意义上的有效教学。

以上概括了有效教学的十大特征，每个特征只是反映了现代意义上的有效教学的某一属性，这些特征彼此之间应该是辩证统一的关系，而不是彼此孤立的。它们作为一个有机的统一体共同诠释有效教学的整体属性，体现有效教学的基本特征。

二、高中物理课堂有效教育的含义、特征及结构

（一）高中物理课堂有效教学的含义

要达到对"高中物理课堂有效教学"的科学理解，出发点是对"高中物理课堂"和

"有效教学"两个概念的完整理解，然后在此基础上概括出"高中物理课堂有效教学"的含义。"高中物理课堂"这一表述的核心概念是"课堂"，"高中物理"仅仅是从学科和年级上对"课堂"做出限定。关于"课堂"这一概念，包括三个递进的层次：一是把课堂理解为教室，是指课堂教学活动发生的主要场所；二是把课堂理解为课堂教学活动；三是把课堂理解为课程与教学活动的综合体，包括课程实施、课程资源开发、教学活动、师生关系、教学环境等多种教育要素及其相互关系。

对上述理解做一个综合，认为"课堂"就是发生在一定教室里的有一定组织关系的教师与学生共同参与的教学共同体。"高中物理"与"课堂"又共同作为"有效教学"的限定词，那么"高中物理课堂有效教学"的含义应该可以界定为：在高中各年级物理学科教学共同体里发生的教学过程、方式、方法均遵循物理教学规律和学生身心发展规律，教师与学生以及学生与学生之间的交往能够和谐、有机地统一的教学，教学内容满足学生和社会发展的价值需求，教学结果充分地促进了学生在物理知识、技能、科学方法、科学思维方式、情感态度以及科学价值观等方面的进步与发展，从而达到了预期的物理教学目标，逐步把学生培养成具有主体性和创新精神以及实践能力的人才。它的上位概念应该是"有效教学"，它是一种特定年级和特定学科的有效教学。它与"有效教学"的关系是个性与共性、特殊矛盾与普遍矛盾的关系，有效教学的研究成果对高中物理课堂有效教学的研究具有指导作用，但高中物理课堂有效教学理论应有自己特殊之处，它与数学、英语、语文等科目的有效教学既相互联系又相互区别。

（二）高中物理课堂有效教学的特征

1. 物理教学呈现的知识结构清晰简明、逻辑性强

物理学是研究物质结构、相互作用和运动基本规律的学科。物理学的特点之一是具有严密的逻辑体系。物理的基本概念、基本规律和基本方法及其相互联系构成了物理学科的基本结构。高中物理虽然仅仅是普通高中科学学习领域的一门基础学科，但是它的内容已经自成一个基本完整的理论体系，具有严密的逻辑结构。高中物理课堂有效教学展现的物理知识结构清晰简明、逻辑性强是物理学科本身的特点所使然。物理基本概念、基本规律、基本方法等知识点的逻辑组织形式是以严密的逻辑关系相互关联所构成的网络系统。这个网络系统的功能包括两部分：一部分为单个知识点的功能，另一部分为由各知识点的交叉、组合等形成的整体功能。因此，在教学过程中，要引导学生从内在逻辑结构的联系

上理解和掌握所学物理的各个知识点，从而在整体上系统地掌握物理知识结构体系。只有把握住知识点及其相互关系的整体系统结构，才能充分发挥整体知识结构的功能，逐步培养学生的知识系统化能力。

除此之外，高中物理课堂有效教学展现的物理知识结构清晰简明、逻辑性强也是学生认知结构特点所要求。对于认知结构，国内外学者有多种表述，但可以说是大同小异。一般认为，认知结构指在头脑中形成的一种心理结构，是个人的全部知识的内容和组织。按照布鲁纳的认知结构理论，存在于头脑中的所有知识可以看作一个整体的认知结构，这个认知结构是个体认识事物或学习知识时在头脑中所采取的认识模式系统。知识以编码系统式的结构结合在一起，编码系统的一个重要特征是对相关的类别做出有层次的结构安排。这种结构对新学习的知识加以一般编码并做出解释，决定这种新知识能否获得意义。他对认知结构进行了较为系统的阐述，其学习理论被称为认知结构学习理论。由此可以认为，高中物理课堂有效教学展现的物理知识结构要与高中学生的物理认知结构进行双向互动，教学要充分考虑学生头脑中已有物理知识的内容和组织，使物理的基本概念、基本规律、基本方法及互相关联内化为学生头脑中具有内部规律的整体结构。这里的内化就是指物理知识结构通过学生的感知觉、想象、演绎推理等形式转化为学生头脑中的新的物理认知结构的过程。学习是认知结构的组织与重新组织，既要考虑学生已有知识经验的作用，又要考虑学习材料本身的内在逻辑结构。物理知识内在逻辑结构与学生原有的物理认知结构关联起来，使新旧物理知识发生相互作用，这才是物理学习的本质。

2. 课堂语言科学严谨、形象生动

首先，语言是思维的载体，高中物理课堂语言是高中物理思维的直接反映。物理学是一门客观、深刻地反映物质世界的系统科学，它的表述形式既有深刻的定性描述，又有准确、客观的定量表示。物理学中的基本概念、基本规律大都是定性与定量表述的有机统一。物理学的客观严谨，典型地反映在它利用种种精确的数学表达手段为理论与实践（实验）开辟道路，使物理学的结论可随时得到严格检验。这也是物理学区别于其他学科的一大显著特点。高中物理课堂有效教学的课堂语言具有科学严谨的特征就是物理学科的个性特征的直接反映。这就要求无论是对物理现象、物理概念或物理规律的描述与表达，还是实验或习题的内容、数据的记录和演算等，都应当是准确无误的。如果物理课堂语言保证不了科学性，物理教学就失去了它的意义。

其次，高中物理课堂有效教学是一种师生平等交往的教学活动，教学若要促进学生的发展，就得实现有意义的交往。课堂教学中的有效交往语言，应当是促成"教"与"学"真实并存、融会贯通的多元化、多层次的思维实践。在这种情形下的语言才真正能作为课堂教学中的有效交往语言得以运用并发挥作用。有效的交往语言产生于"教"与"学"交往的基础之上。由于"教"与"学"的主体是人，因此课堂教学中的有效交往语言，首先是作为一种人为的语言存在。同时"教"与"学"的交往是一种情感、认知、精神的交往。课堂教学中的有效交往语言不仅仅是单纯的人为的语言，更是人为语言的再生产和再创造。因此，高中物理课堂有效教学的课堂语言除了保证科学性和严谨性之外，还要考虑学生的情感、精神上的愉悦。学生都愿意听讲课形象生动、风趣幽默的教师上课，认为那是一种精神上的享受，他们希望教师能灵活运用教材，能创造性地恰当地运用比喻等手法把抽象难懂的物理概念、物理过程等形象生动地描绘出来，把物理学习尽量变成一种轻松的活动，把"死"的知识变"活"，形成愉快的学习气氛。杨振宁曾经说"哪里没有兴趣，哪里就没有记忆"，在不失科学性的前提下，最大限度地提高教学语言的形象性、趣味性就是高中物理课堂有效教学的一大特征。

当物理课堂语言的科学性与生动性达到了有机统一的境界，学生因而对物理问题理解得清晰充分，记忆深刻，进而产生对探索物理世界的向往，那么，物理课堂教学的美的境界也就达到了。

3. 直观性和抽象性有机统一

首先，高中物理的许多概念、规律是在具体、直观的物理现象基础上，通过分析、综合、抽象和概括等思维活动建立起来的。学生学习物理概念、规律的过程既离不开对所学物理过程的清晰表象和丰富的感性认识，又须要发挥抽象的思维能力达到对物理概念、规律的理性认识。物理知识是物理现象与物理概括在学生头脑中的统一体，物理知识的获得是在物理现象基础上逐步导向概括的智力活动过程。一方面，感性认识是学生进行思维加工以形成概念和规律的原料，没有这些必要的原料，学生即使靠记忆得来了"物理概念"和"物理规律"，也是不深刻、不牢固的"无本之木"，因此，在物理教学中，教师必须创造条件，使物理现象形象化，便于学生观察、想象，只有这样，才有利于学生了解物理现象，发掘问题，取得数据。另一方面，感性认识必须上升到理性认识，这是获得物理概念、掌握物理规律的必由之路。为了使学生的感性认识正确地上升到理性认识上来，学生必须参与科学抽象的过程，在这个过程中区别本质和非本质的东西。在此基础上，让学生自己对取得的数据试做分析、概括，并由学生自己得出结论，从而达到从感性到理性的飞跃。这就是高中物理课堂有效教学的特征——直观性和抽象性的有机统一。直观性保证了对物理现象的认识，抽象性则保证了对概括的掌握。直观性和抽象性、感性因素和理性因素统一在认识活动中，实践的感性认识是思维的源泉，抽象性的概括是认识的手段。学生经历这样的学习过程，思维能力才能得到培养和提高。

其次，高中生处于青年初期，这一时期的学生的主要特点是，生理发展逐渐成熟，精力旺盛，求知欲强烈，思维已从具体形象思维进入抽象逻辑思维，高中物理课堂有效教学的要求、深度、广度必须适合这一时期学生的特点，既不能超出学生可接受的限度，又要能够促进学生抽象思维能力的发展。虽然高中物理学习的抽象性给学生学好物理增加了困难，但它对于训练、培养学生抽象思维能力方面的作用也是不容忽视的。学习高中物理一方面可以有效地促进学生抽象思维能力的形成和发展，让学生学会运用符合逻辑思考物理问题，进行精确的物理计算，理智地看待物理现象。另一方面，这种高度抽象，对于高中生认识事物也具有重要的方法论意义。要实现从感性认识到理性认识的飞跃，抽象是最基本的方法，没有抽象，就不可能产生思维形式，当然也就不可能有思维活动的进行。

4. 以物理实验和日常物理现象为基础

一方面，物理学是一门以实验为基础的科学。物理实验既是物理学的一种研究方法，又是物理学的一个基本特点。物理学理论的建立、发展和检验，都离不开物理实验这个基础，科学实验是物理学发生和有目的地去尝试，是对自然的积极探索。科学家提出某些假设和预见，为对其进行证明，筹划适当的手段和方法，根据由此产生的现象来判断假设和预见的真伪。物理学史上许多关键问题的解决都依赖于实验。因此科学实验的重要性是不言而喻的，其中物理实验自然也居于要位。高中物理课堂有效教学以物理实验为基础，是因为物理学中每个概念的确立、原理和定律的发现，无不有坚实的实验基础。教学实验是以教学为目的，其目标不在于探索，而在于培养人才，是以传授知识，培养人才为目的。教学实验都是理想化了的，排除了次要干扰因素而简化过了的，是经过精心设计准备的，是一定能成功的，教学实验的地位是非常重要的。

人们要攀登科学高峰，首先要培养锻炼自身攀登高峰的能力。从现代认知心理学角度看，只有物理现象在学生头脑中形成一定的表象，学生才能通过概括、抽象等思维过程，摆脱具体的物理现象，进入物理思维，从而实现从感性到理性的飞跃。假如没有必要的物理现象作为学生的感知基础，就不能使学生在头脑中形成必要的物理表象，而没有内化了的物理表象素材，学生的物理思维也就无从谈起，只靠做大量物理难题而忽视了对物理现象的本质的认识，忽视了对物理概念的形成、物理规律的得出过程的分析与讨论，这样的学习只能是机械的记忆。因此，高中物理课堂有效教学要借助生动、形象的物理实验现象和大量的日常物理现象，为学生的物理学习创设必要的物理情境，要将物理实验的演示和操作以及日常物理现象的概括提高到物理知识教学、掌握方法的高度上来。

此外，物理实验教学在学生学习物理的过程中，还对学生非智力活动方面起着十分重要的作用。学生的实事求是的科学态度、一丝不苟的工作作风、娴熟的动作技能等方面的培养都离不开物理实验的教学。

5. 设疑激趣创设认知冲突

一般而言，个体每当遇到新的刺激，总是试图用原有的图式去同化，若获得成功，便得到暂时的平衡。如果用原有图式无法同化环境刺激，个体便会做出顺化，即调节原有图式或重建新图式，直至达到认识上的新的平衡。同化与顺化之间的平衡过程，也就是认识上的适应，也就是人类智慧的实质所在。高中物理课堂有效教学设疑激趣创设认知冲突，就是要通过具体的物理情境，让学生对同一物理事实的两种不同的认知结构之间的矛盾产生疑问和兴趣；或者使学生对某一物理现象的原有认知结构和真实的物理现象之间产生矛盾，从而引起认知上的冲突。认知冲突是激发学生认知活动的最主要的动力之一。要巧妙地利用物理知识的内在联系，在关键点或易错的地方设疑，从不同方向、不同角度提出问题，问题要生动有趣，要与新知识密切相关，引起学生前概念的冲突，激起学生疑惑、惊奇、诧异的情感，造成学生面临迫切需要解决某个物理问题的态势，又感到原有知识不能顺利解决问题，造成认知的不协调、不平衡，这样就会把学生的学习热情推向高潮，使学生不知不觉带着疑问和悬念积极进入新知识的探索状态。

高中物理课堂有效教学设疑的具体方式多种多样，概括起来大致有可利用有趣的出人意料的物理实验、利用学生容易出错的物理问题、利用数学推导出来的结果与物理意义的矛盾、稀奇的自然现象、物理学史实、日常生活实例、趣闻、貌似相同的问题的对比、似是而非的问题的回答等。

6. 教学方法和手段多样化

为了更好地完成教学任务，实现教学目的，必须坚持运用多种教学方法。实践证明，在教学过程中，学生知识的获得、能力的培养、智力的发展，不可能只依靠一种教学方法，必须把多种教学方法合理地结合起来。要将多种教学方法合理结合的原因在于以下三个方面：

首先，由于教学内容不同，教学对象、条件各异，所采用的教学方法势必不同，复杂多变的教学活动，要求教学方法必须多样化。其次，是由学生积极参与教学活动的需要所决定的。心理学研究证明，单一的刺激容易产生疲劳，如果一堂课甚至一个教学阶段只采用一种教学方法，那么学生就会产生心理上的疲劳；如果采用多种教学方法，就能调动各种感官参与教学活动，提高学生学习的积极性。最后，是由各种教学方法的性质和作用所决定的。各种教学方法有各自的适应性，又都有各自的局限性。高中物理课堂教学内容大致包含了物理现象、物理概念、规律、实验、方法、物理与社会发展、物理与技术应用、物理与生活等方面的内容，这些内容的特点、性质各不相同，在不同的教学阶段要达到的教学目标不一样，面对的教学对象——学生也不同，采取不同的教学方法取得的效果也就各异。

在教学实践中将各种方法结合起来灵活运用具有必要性。原因除上面的分析之外还有：方法的多样化能保证学生充分利用左右半脑的不同功能，增强记忆并锻炼各种方式的思维活动，易于对知识的理解，有利于发展能力；方法的多样化能促进学生认识活动的积极性，有利于调动学生学习的主动性，为认识能力的全面发展创造条件；方法的多样化有利于提高学生的学习能力，提高学习质量。高中物理课堂有效教学手段多样化也是由高中物理知识性质的多样性和学生认知规律所决定的，采取多种手段，即把传统的手段和现代的手段结合起来使用，发挥各种手段的固有优势，达到有效教学之目的。

高中物理课堂有效教学的教学方法和手段多样化，也是由高中物理课堂有效教学的长远目标所决定的，采取多样化的教学方法和手段，有利于培养学生的主体精神和创新能力。无论选择哪种教学方法和手段，都要从教师、学生、物理知识的性质特点以及客观的教学条件出发，所选择的教学方法都应促进教师和学生之间以及学生和学生之间的相互交流，激发学生的学习兴趣，引起积极的思维活动，有利于学生有效地掌握物理知识、技能和科学方法，发展智力，形成能力。

7. 渗透科学世界观、方法论的教育

物理学是自然科学的重要组成部分，也是自然科学的基础学科。在物理学理论的建立与形成的过程中，蕴含着丰富的社会科学知识，在物理学发展的各个阶段都充分地体现了科学家们的人文精神。通过物理课培养学生科学的世界观和方法论，是高中物理课堂有效教学的一大特征。高中物理课堂有效教学目的之一，就是使学生学到物理基础知识和基本技能，受到科学方法和科学思维的训练，受到科学作风和态度的熏陶，并逐步形成科学的世界观和人生观，掌握科学辩证唯物主义的方法论，建立健全的人格，在未来的社会中善于并敢于承担对他人、对社会的责任，成为"健康"的社会人。

现代教学论由注重知识结果转向注重知识结果和获得知识的过程二者兼顾。物理学发展的各个历程中得出的许多规律，对改变人们的思想观念、文化传统有很大的推进作用，从而导致人们在世界观、方法论和认识论上都有了重大改变。如哥白尼日心说的得出、爱因斯坦广义相对论的问世，在不同的历史时期使人们的世界观、方法论、认识论有了天翻地覆的变化。高中物理课堂有效教学渗透的科学世界观和方法论是介于一般哲学世界观方法论和物理学本身的学科研究方法的中间层次的世界观和方法论。例如，对自然界运动规律的基本看法是遵循简单性、对称性、因果性等原则，这些看法也是自牛顿以来一直到爱因斯坦等一大批自然科学家深信不疑的科学信念。从物理学的发展历史和高中生认知水平发展规律的角度看，高中物理课堂有效教学渗透的科学世界观和方法论主要还是经典物理学的物理思想和方法。物理学反映着物理学家的世界观、价值观和人生观。物理科学的形成、传播、发展并不是脱离自然和人文环境的超现实的过程，而是与自然、人的思维及社会密切相关的。由此可见，高中物理课堂有效教学具有优越的理性认知价值和优越的伦理、哲学及真善美价值。

8. 联系社会生活、生产实际

人本主义心理学家罗杰斯主张，倘若要使整个人都参与学习，就要使学生左右半脑共同发挥功用，意义学习是最好的办法。意义学习把逻辑与直觉、理智与情感、概念与经验、观念与意义等结合在一起。当我们以这种方式学习时，我们就成了一个完整的人，即成了能够充分利用我们自己所有阳刚和阴柔方面的能力来学习的人。如何在高中物理课堂有效教学中实现意义学习？

首先，从物理学的发展来看，现代物理学越来越深刻地向社会生活、生产实际的各个领域渗透，这不但是由于物理学与科学技术、工程技术紧密联系在一起，还由于物理学的思想方法与社会科学的研究息息相关。其次，从学生的学习心理看，高中生正处在好奇心强、求知欲旺盛、兴趣广而多变的时期，他们的理解能力、抽象思维能力、独立操作能力等都处在逐渐提高的时期。高中物理课堂有效教学从物理学本身的发展特点和学生学习物理知识的心理特点出发，关注学生在现实的生活环境中几乎每天都会遇到或了解到的与物理学相关的现实生活问题与实际社会现象，充分地利用社会生活、生产实际中的与物理学密切相关的问题来引起学生对物理学习的热情和追求。物理知识和技能、物理思想和方法只有镶嵌于具体生动的情境中，才能更容易被学生所理解和掌握，也才能使学生更容易把学到的物理知识、物理思想方法等在广阔的领域发生迁移。如果我们的物理课堂教学过于模式化、抽象化，远离现实生活和生产实际，就可能使学生难以将课堂上学习的物理知识灵活地加以运用。长此以往，还会造成学生对物理学习感到枯燥乏味，失去学习动力。如果我们将物理问题呈现给学生时，这些问题是他们十分熟悉的实际问题或与实际问题密切相关，就容易激起他们求知的主动性和思考解答问题的兴趣与欲望。问题与生活、生产联系得越密切，学生求知的兴趣与欲望就越强烈。久而久之，就培养了学生运用所学的物理知识去分析思考乃至处理所遇到的各种现实问题的习惯和能力。

因此，联系学生现实关注和需要解决的问题是实现高中物理课堂有效教学的重要条件。孔子曰："知之者，不如好之者；好之者，不如乐之者。"学习的浓厚兴趣不但可以促进学生深入、牢固地掌握已获得的知识，并且对知识应用于实践的活动持有异乎寻常的热情。这样的物理学习，才能有效地促进学生积极的情感态度和价值观的形成。

（三）高中物理课堂有效教学的结构

高中物理课堂有效教学的结构就是指高中物理课堂有效教学包含的要素以及诸要素之间的关联关系。教学论对教学要素的分析存在不同看法，有"三要素""五要素""七要素"等，这些分法的立足点在一般的课堂教学上，这里聚焦于高中物理课堂有效教学，研究的视角在于高中物理课堂的有效教学存在哪些特质性的要素。因此，这里提出的高中物理课堂有效教学的要素是具有学科教学个性的特质性要素。根据对高中物理课堂有效教学含义的理解，高中物理课堂有效教学的目标是，充分地促进学生在物理知识、技能、科学方法、科学思维方式、情感态度以及科学价值观等方面的进步与发展。这一目标就是新课程改革所提出的教学目标在物理学科中的具体体现。结合高中物理课堂有效教学的含义，高中物理课堂有效教学的特质性要素包含以下六个：物理概念的获得、物理规律的掌握、物理实验操作技能的培养、数学工具的使用、科学思维方法的彰显、科学精神的渗透。这六个要素与新课程教学提出的三维目标是有机统一的。也可以说这六个要素是三维目标在高中物理课堂有效教学中的具体落实。三维目标与六要素的对应关系如下：

首先，从内容上看，新课程提出的三维目标中的知识与技能目标与高中物理课堂有效教学六要素中的物理概念的获得、物理规律的掌握、物理实验操作技能的培养相对应；新课程提出的三维目标中的过程与方法目标与高中物理课堂有效教学六要素中的数学工具的使用、科学思维方法的彰显相对应；新课程提出的三维目标中的情感、态度与价值观目标与高中物理课堂有效教学六要素中的科学精神的渗透相对应。

其次，从关系上看，三维目标之间的关系是一个全面统一的关系。具体可以说知识里面蕴含着能力、态度和价值观，教学过程和方法首先是知识教学的过程和方法，因此，实现三维教学目标首先是实现知识教学的目标，然后是分别实现发展能力、形成态度和价值观、了解认识过程和应用学习方法等目标，实现三维教学目标各自几个具体目标的统一，最终实现三维教学目标多个具体目标的全面统一。高中物理课堂有效教学六要素也是一个整体统一的关系。物理规律的掌握和物理实验操作技能的培养以物理概念的获得为基础；数学工具的使用和科学思维方法的彰显在物理概念的获得、物理规律的掌握以及物理实验操作技能的培养中得以体现，同时物理概念的获得、物理规律的掌握以及物理实验操作技能的培养也必须借助数学工具和科学思维方法；科学精神的渗透是贯穿于前面五个要素之中的。因此，高中物理课堂有效教学的结构包含的六个要素是相互依存、相辅相成的，它们不能割裂开来孤立存在，在分析时做六要素的划分是为了研究的方便。

第二节　高中物理科学方法的有效教学

物理学是一门以物理实验为基础的自然学科，大量的物理规律就是直接从物理实验中总结归纳出来的，而要把物理规律从实验中总结归纳出来，首先依靠观察这一重要的手段获取实验数据，其次借助物理思维进行抽象的加工获得。这里提出高中物理课堂实验观察方法有效教学策略和高中物理课堂思维方法的有效教学策略。

一、物理课堂实验观察方法的有效教学策略

高中物理课堂实验观察是学生认识物理现象，获得物理概念、规律，习得物理研究方法的重要方式和有效途径。学生只有掌握科学的实验观察方法，才能捕捉物理现象中的关键信息，从偶然的事物和现象中找出规律，从而达到对物理本质的认识。因此，高中物理课堂教学中培养学生观察能力的有效教学是十分重要的。从教学策略角度看，有激发学生观察物理现象的兴趣，观察要有明确的目的，培养学生实事求是的观察态度，在观察中习得观察的方法等策略。

（一）激发学生观察物理现象的兴趣

古今中外许多科学家之所以取得成功，原因固然有多方面，但是，一开始对某一问题发自内心的浓厚兴趣应该是他们能够专心致志地研究、锲而不舍地工作进而引发了灵感和顿悟，使之在科学上取得重大发现或发明的重要原因。观察物理现象是一种有目的、有计划、伴随着思维活动的主动知觉。知觉是人脑对直接作用于感觉器官客观事物的整体反映。心理学研究表明，人对同时作用于感觉器官的所有客观事物并不都产生知觉，而只是对其中少数客观事物发生兴趣，即做出选择性知觉，然后做出观察行为。所以，若要求学生对物理现象进行观察，培养学生的物理观察方法，必须首先激发学生对该物理现象产生兴趣，使学生愿意观察、乐于观察，只有这样才能使他们产生内在的动力。有鉴于此，培养学生观察物理现象的兴趣显得十分必要，在具体做法上应关注以下两点：

1. 用物理学家通过观察物理现象获得本质认识的一些实例来教育学生

这样的例子很多，但要选一些典型的、能够引起共鸣的例子。比如，丹麦物理学家第谷·布拉赫，花费21年的时间对750多颗行星的运动进行了极其精密的观察，积累了大量的资料。在此基础上，开普勒总结出行星运动三定律，并成为牛顿力学的重要基础。

2. 积极开展新颖的能够使学生内心感到震撼的观察物理现象的活动

这些活动往往能使学生产生浓厚的兴趣，使学生感兴趣的观察活动又往往是那些学生头脑中已有定式的矛盾现象。例如，在学习"静电屏蔽"时，教师展示小鸟在笼子中用高压电击，仍然活蹦乱跳。这个电击鸟笼的实验非常吸引学生，小鸟在高压电的环境下，竟然安然无恙，一下子就把学生的注意力吸引住，有效地调动了学生的观察兴趣。这个实验情境的创设，使学生观察的指向性非常明确：这节课我们要研究的是静电屏蔽现象。接着，教师可以继续演示，请学生上台配合做实验，教师站在关闭的铁笼里，学生配合教师电击铁笼，教师用双手触碰铁笼，安然无恙。教师解释这就是静电屏蔽现象。这样的精彩实验不但培养了学生观察的兴趣，还可以进一步地激发学生的思考，同时在解决问题的过程当中，加深了对静电屏蔽的理解。

（二）观察要有明确的目的

激发了学生观察物理现象的兴趣的同时，还必须对学生的观察加以引导。因为学生由兴趣引发的观察行为可能处于漫无目的、杂乱无章的状态，一些学生往往就是冲着看热闹或仅仅觉得物理现象有趣，这样未必能达到培养学生观察能力的教学目的。物理观察强调的是一种受观念支配的寻找证据的知觉活动。因此，要引导学生把观察的注意力集中到少数事物或事物的重要方面，排除次要因素的干扰，从而收到理想的观察效果。从一定意义上说，观察的效果取决于观察的目的是否明确以及对观察提出何种程度的要求。观察的目的越明确、要求越高，观察者对知觉对象的反应越完整、越清晰，观察效果就越好。观察是一切知识获得的起点，观察能力的优劣，直接影响到其他能力的优劣。因此，培养学生的观察能力，对于学生的学习有着极其重要的作用。为了使学生有明确的观察物理现象的目的，可以要求学生注意观察物理现象的特征和条件，通过观察要发现什么问题、解决什么问题、记录什么数据、获得什么感性资料等，以便为发现、分析、解决问题，归纳规律做准备。当物理现象摆在面前时，一定要让学生明确问题，绝不能盲目观察。

（三）培养学生全面、细致、客观的观察品质

培养学生全面、细致、客观的观察品质就是要引导学生对事物的现象以及事物的发展过程进行全方位细致的观察。教师指导学生对一些物理现象进行观察时，一定要让学生特别注意，整个物理现象发生过程的细节及产生的条件和特征等。对物理现象间的联系不仅要看到结果，还要看到引起变化的原因。例如，在观察测定干电池的电动势和内电阻实验中的电流表读数时，有些学生由于对电表读数不太熟练，读取电流表的电流数据过程会比较长，而这个实验中的电池内阻随通电时间的影响比较敏感。在电流强度接近0.6安培的条件下，读数时间稍微延长，电流表指针难以停留在某一读数上，学生可能会忽略这一现象，教师就要抓住这一时机，引导学生细致观察这一现象，准确地反映观察到的现象，绝不轻易放弃一些蛛丝马迹的实验现象。认真思考研究电流表指针为什么会不稳定，该如何避免这一现象的发生，电流强度的数据该怎样读取等。应当看到物理观察就其本身来讲，是一个严格的科学过程，来不得半点虚假，它有利于培养学生严谨的科学作风。因此教师在指导学生进行物理观察时，要教育他们全面、细致、客观地进行观察，切不可歪曲事实。

（四）在观察中习得观察的方法

要培养学生科学的观察能力，习得科学的观察方法，必须尽可能多地为学生提供科学观察的机会，如精心设计实验，给学生提供物理现象、过程，增加学生观察的机会，养成

科学观察的习惯。教师要给学生提供各种特征不同的物理现象进行观察，如观察的物理对象有静态的，也有动态的，有本质特征明显的物理现象和过程，也有无关特征较多而本质特征不明显的物理现象和过程。由于学生缺乏生活经验和独立、系统的观察能力，教师要指导学生观察的方法，拟定观察顺序，告诉学生先观察什么，后观察什么，再观察什么。学生观察能力的提高和观察方法的习得，不是一朝一夕的事情，它必须通过各个物理教学环节的长期渗透才能达到效果，学生只有在潜移默化、循序渐进的过程中才能逐步掌握，并养成良好的科学观察习惯。具体的观察方法大致有全面观察、重点观察、对比观察、循序观察。除此之外，还有定期观察法、定点观察法、定量观察法等。具体观察时应根据观察对象、观察内容、观察目的、观察条件的不同，选择适用的一种或多种观察法。

在高中物理教学中，引导学生在观察时，重要的是要做到点面结合，既全面了解，又抓住重点；观察过程要认真细致，处理观察的数据结果要实事求是，这样才有利于观察能力的形成。

二、物理课堂思维方法的有效教学策略

思维方法是指运用一定的世界观和方法论来分析纷繁复杂的客观事物的方法。科学思维方法就是用科学的世界观和方法论来分析科学问题的思维方式。它是科学方法在个体思维过程中的具体表现。因此，高中物理课堂思维方法就是对物理现象、物理过程、物理本质等研究过程中所使用的科学思维方法。就物理学科而言，物理思维过程堪称物理教育工作的根本所在。物理新课程标准就体现了这一思想，它把"过程与方法"既作为教学目标，又作为教学内容。因此，物理课堂教学中要加强对学生物理思维方法的培养。在物理学长期的发展过程中，形成了一系列有效的科学研究方法，其中物理思维方法是物理科学研究方法中的重要组成部分，它主要包括提出问题方法、分析与综合方法、归纳与演绎方法、理想模型方法、理想实验方法、类比方法、假设方法等。

第三节　高中物理情感态度与价值观目标的有效教学

高中物理课程旨在进一步提高学生的科学素养，从知识与技能、过程与方法、情感态度与价值观三个方面培养学生，为学生终身发展、应对现代社会和未来发展的挑战奠定基

础。由于情感态度与价值观的教学难以独立于其余两维目标的教学，而且难以测量，因此对这一教学目标不能像传授知识那样直接教给学生，要创设机会，通过参与活动，日积月累，让学生感受、体验与内化。实际上，三维目标本身就是一个统一的有机整体，要时刻贯穿于整个教学过程。基于分析和研究问题的方便，才把这一目标的有效教学策略独立出来论述，实际的教学过程应该是和知识与技能、过程与方法的教学策略结合在一起。这里提出高中物理情感有效教学策略、高中物理态度有效教学策略和高中物理价值观有效教学策略。从心理学角度看，情感、态度、价值观的含义存在部分重叠，难以截然分开，实际存在过程中也是一个整体，不可能有孤立存在现象。为什么分别论述情感、态度、价值观三者的有效教学策略，也是基于上述已指出的分析研究问题的方便考虑。

一、情感目标的有效教学策略

情感，也称"感情"，指人的喜怒哀乐等心理表现。情感是人在社会实践中，在认识世界改造世界的过程中产生和发展的。情感的表现，是伴随各人的立场、观点和生活经历为转移的。高中物理课堂有效教学关注学生的情感产生和发展的过程，也是高中物理新课程改革的目标之一。假如在教学中把学生作为一个完整的人来对待，教学必然要考虑学生的情感因素。关注情感目标的高中物理有效教学策略如下：

（一）培养师生之间的感情，营造和谐愉快的教学氛围

师生之间的感情不仅是师生交往的基础，而且也是培养学生对教与学的内容发生兴趣的关键。一旦师生关系破裂，很难想象，这些学生对关系恶化的教师所教的学科会产生浓厚的兴趣。师生感情的主导一方是教师。热爱教育事业是以热爱学生为前提的，爱学生是教育的基础，没有爱就谈不上教育。教师爱学生的最终目的，是引导学生成为德才兼备的新一代。当教师的情感灌注在教学内容中激起了学生的学习情感时，学生就能更好地接受教师的教育。一位没有感情的教师，不是一位好教师，更不可能是一位优秀教师。教师只有通过适当的情感交流，才能走进学生的心中，培养师生之间的感情，营造和谐愉快的教学氛围。具体要注意以下两点：

1. 教师表情亲切，态度温和

当教师以温和的目光、亲切的笑容出现在教室里并扫视每一个学生时，学生就像吃了颗定心丸，为后面良好的课堂气氛做了铺垫，也有利于唤起每个学生的有意注意和积极情

绪。笑容是教师带给学生创造精神的激励物。用眼睛交流，用笑容调节课堂气氛，以和蔼可亲的教态去感染学生，使学生情绪饱满地投入学习。同时，我们还可采用与学生谈学业方法、回答学生的疑问等来开始一堂课，用教师的情绪去带动学生，激发起学生的求知欲和良好的情感，达到师生情感的和谐。在物理学习中，学生难免会因陌生、困难和畏惧而产生尴尬和羞涩的心理表现，教师要是有活泼开朗的笑容，和蔼可亲的表情，哪怕学生说错了一句话也给他一个小小的笑容，会使学生得到宽慰和鼓舞，克服羞涩和胆怯的心理，帮助他们树立信心；要多用欣赏认可的目光观察学生，传递无声的语言："你行""你学得不错"。只有这样，才能建立良好的师生关系。物理教师在进行课堂教学时，运用恰当的表情能使讲课格外生动、形象，帮助学生更好地领会、掌握其教学内容。

2. 多表扬，用言语和行动交流情感

表扬和鼓励是推动学生进步的动力，也是学生不断提高学习兴趣的重要因素。教师与学生的关系应该是相互信任和相互尊重的知心朋友关系。学生学习质量的优劣取决于师生间的双向努力。对于缺乏毅力、暂时表现后进的学生，更应在学习上关心，在生活上帮助，对他们取得的一点进步及时给予表扬和鼓励，让他们感受教师的关心以及殷切的希望。此外，在课堂提问过程中还要实行鼓励性教学，注意知识的深入浅出，设计问题时力求简单明了，把容易的问题留给中下层次的学生，当回答正确时及时给予表扬和鼓励；如果答错也不应加以指责，而应帮助他们分析，鼓励他们再找出答案，使学生在学习中有成就感，使他们获得学习的乐趣。同时，教师应加强自身的修养，因为教师本身的优良品质容易唤起学生的共鸣，使他们"亲其师而信其道"，能有效地调动学生的学习积极性，建立融洽的师生关系，营造和谐愉快的教学氛围。

(二) 展现物理学中的科学美，陶冶学生的情操

物理学并不像有的学生认为的那样枯燥、单调，而是蕴含着丰富的科学美的内容。物理学是研究自然界最一般规律的科学，自然现象是纷繁复杂的，但在表面上无序的混乱现象中包含着有序的规律。有序的诸多形式中，简洁、和谐、统一、对称的美，能使研究、学习和应用物理的人感到振奋和满足。因此，在物理教学中有意识地展现物理学中的科学美，可以激发学生的学习兴趣，加深对物理知识的理解和物理内涵的领悟，陶冶学生的情感。

二、展现物理学的实验美

在许多物理实验的设计和构思方面，凝聚着物理学家探索自然的智慧，这些精妙的设计和构思不仅是科学的，而且更像一件件科学艺术精品，教师合理地展现它们，会给学生带来赞叹和美的享受。例如，迈克尔逊-莫雷实验以其巧妙的构思与设计，堪称实验美的典范。其构思上的独到优美之处在于：如果有"以太"存在的话，那么光在其中传播如船在水中航行。只要测定光在"以太"中"顺行"与"逆行"的速度是否一样，便可确知是否有"以太"存在。又以精妙的设计消除了各种误差，结果很可靠地否定了与地球做相对运动的"以太"的存在。爱因斯坦称赞这一实验为物理学所有实验中最美丽的一个实验。

三、展现物理学的简洁美

在纷繁复杂的物理现象背后隐含着自然界固有的秩序和规律，规律总是简单的。在物理教学中，教师要努力把反映自然界物质运动规律的简洁美向学生展现，使学生体会到科学简洁美的美感。例如，开普勒三定律简单地勾勒出行星运动的所有规律，仿佛行星运动就是完全服从这位天空立法者定下的三条规矩。牛顿的力学三定律和万有引力定律则更加简练地囊括了伽利略、开普勒等人的理论成果，而把天上与地上的力学现象完全包容在一个简洁的牛顿力学体系中。在更高的观念层次上以更加简单的两个基本假设为前提建立起来的狭义相对论，则更加简洁。自然界的力形形色色，而在本质上，人们把它们归结为仅有的四种力。像这些蕴含在物理学中的简洁美要靠教师在教学中用审美的眼光恰当地向学生渗透，就会收到良好的教学效果。

四、展现物理学的对称美

自然界物质运动及其内部结构普遍存在着对称性。有空间上的对称性，如镜面对称、轴对称、原点对称；有时间上的对称，如周期、节拍等；有时空上的对称，如匀强电场、匀强磁场；有数学形式上的对称，如库仑定律与万有引力定律的数学表达式；还有抽象对称美，如光的波粒二象性与德布罗意波的对称、正反粒子的对称、单个电荷与磁单极的对称、宏观的天体运动模型与微观的原子核式运动模型等。对称美历来是诗歌、艺术、园林建筑中人们普遍追求美的标准，教师把这些物理学理论的对称性展现给学生，会给学生以美的愉悦。渗透对称美的教学，可以帮助学生树立科学的物质观、运动观。

第四节　信息技术背景下的高中物理课堂有效教学

自 20 世纪末以来，我国的信息技术在基础教育领域的应用发展迅速，无论是实践还是理论研究都取得巨大成果，人们关注的重心逐步由信息技术与资源建设转向信息技术在教学中的有效应用。随着信息技术与教学的深度结合，像人类历史上技术的重大突破给教育带来的革命性变革一样，在信息技术背景下，有效教学也悄然取得了相应的发展。技术的发展可以创造使知识和学问来源多样化的文化教育环境。同时，这些技术的特点是日益复杂，为人们提供的可能性范围越来越广，特别是它们可以把很高的信息存储能力与几乎个人化的利用和广泛的传播结合起来。信息技术与高中物理课堂教学整合后的物理有效教学策略是怎样的？这是物理课堂有效教学研究者必须回答的问题。因为"课程改革的核心领域是课堂教学改革，课堂教学改革的核心领域是教师专业发展，有效教学研究隐含的假设之一是教学的转型以教师角色的转变为前提"，物理教师作为最终实施物理教学改革的实践者，在物理教学中能否准确地把握信息技术背景下物理课堂有效教学策略、能否恰当地使用信息技术，关系到能否实现信息技术背景下高中物理课堂教学的有效性问题。

一、以目标为导向的激励策略

要成就一件事情，一定要以目标为导向，才会把事情做好，高中物理教学工作也一样，让学生明确学习目标，并以此为导向，展开物理课堂教学全过程。具体实施可以分为三个步骤：

第一，目标建立初期，教师和学生共同参与决策，把物理教学目标从上到下层层分解，明确具体落实的程序。在信息技术背景下教师的知识权威地位发生了巨大的变化，师生关系更加趋近平等。师生关系平等也是教学民主的理想追求。信息技术的应用突破了教师一统天下的局面，网络的普及使信息的传递越来越迅速便捷，同时为教师和学生打开了浩瀚的知识信息海洋，学生可以从一个问题链接到另一个问题，从一个网站浏览到另一个网站，极其方便地获取自己需要的知识信息，学习感兴趣的内容，找到解决问题的途径。与此同时，信息技术在教学过程中的应用扩展了师生交往的时空，能够为师生交往营造平等、宽松的环境，在这种背景下，教师不再是某种知识的唯一拥有者，而成为学生获取知识的引导者、协商者、合作者和促进者，或者说是教学中的首席代表。这样就为学生参与课堂教学目标的决策成为可能。让学生参与决策的主要优点是能够诱导学生设立更高的目标，使学生发挥出潜能，鼓舞学生的士气，很大程度上使学生对自己选择的目标满意，也充满信心，为目标的实现打下良好的基础。

第二，教师在目标实施过程中要进行目标监控。要实现有效的物理教学，就必须实现物理教学的每一个环节的目标，这就须要对各个环节进行必要的监控。信息技术的使用为学生的学习提供了很大的选择余地和丰富的发挥空间，面对知识信息的爆炸，有可能导致学生在泛滥的知识信息中迷失自我，甚至走向沉沦，因此学生要根据自己的学习需要进行分析、判断和推理并做出选择，这无疑需要学生具有独立思考、自觉调节控制自己学习行为的能力，同时，也需要教师在目标实施过程中进行必要的监控。也只有这样，学生自主学习的能力才会得到切实的提高。信息技术背景下的有效教学必须提供学生控制自己学习过程和学习方向的机会，使学生能够选择适合自己学习的信息形式（听觉的、视觉的、文本的或图表的等），促进记忆与理解。根据建构主义理论，知识和体验不能简单地由教师传授给学生，应该由学生依据自身的认知经验主动加以建构。在物理教学中，教师还要发挥自己的主导作用，精心设计、分析哪些材料让学生自学，哪些材料让教师精讲，哪些材料讲练结合，研究怎样才能使讲解富于启发性，把物理教学的重点从"教"转移到"学"上，使学生变被动为主动，真正成为物理教学活动的主体，培养学生独立学习的能力和对物理学本身的兴趣，激发他们的求知欲望，增强学习物理的信心和主动学习物理的积极性。

第三，进行目标的反馈和指导。目标反馈和指导分为正式的和非正式的。正式的反馈可以通过定期召开的小组会进行，教师与学生共同讨论物理教学目标完成的情况，出现问题时根据具体的要求进行专门性研讨，然后采取必要的补救措施。非正式的反馈和指导则可以在任何时候进行。不管是正式的反馈还是非正式的反馈，都可以通过互联网灵活进行。例如，为了使学生和教师能够便捷地利用网络开展有效的信息交流，有的学校组织教师与学生共同开发了主题知识网站，选择与教材内容或者学生生活相关的内容，以主题的方式挂在"学生成长乐园"上，为学生和教师双向交流提供了很好的平台。这一过程本身也是学生自主学习、探究学习、合作学习的过程。实践表明，及时地、具有建设性地反馈和指导，是帮助学生达成目标最有效的方式，因为大部分学生也是整个目标的规划者之一，对阶段性的评价反馈，帮助学生了解什么是最有效的学习方式，以及须要做出什么改进等。反馈和指导也有助于激发学生的内在潜力和灵感，对培养学生的各种能力大有益处。

二、创造恰当的情境策略

情境化指的是创设具体的经验环境或接近真实的场景，使新的未知事物变得可理解和有意义，是界定背景信息的过程。传统物理教学受时空限制，难以提供某些事物的实际情境，学生对知识的意义建构脱离了原有的生活经验，教学也缺乏生动性，学生学习物理知识兴趣不高。在信息技术背景下，教师能有效地利用文字、图像、声音、动画等多种方式形象化地呈现物理学科的重点、难点和热点等问题，使学生达到身临其境的效果，有利于学生理解和唤醒已有相关知识经验，帮助学生的意义建构。在物理教学的第一个环节，教师往往会借助一定的情境进行物理教学导入。情境物理教学法在课堂上的运用可以激发学生产生浓厚的学习兴趣、强烈的好奇心和主动探究的欲望。教师在设计物理教学情境时，首先应创设有价值的、能为学生所理解的、贴近学生生活经验的或者是能引起学生认知冲突的情境，使其能激发全体学生强烈的学习动机，唤醒学生内心的学习需求。

参考文献

[1] 陈金球. 高中物理教学实践与感悟 [M]. 沈阳：辽宁大学出版社，2022.

[2] 刘震. 高中物理综合教学研究与设计 [M]. 沈阳：沈阳出版社，2022.

[3] 石涛. 情境源于生活：高中物理情境化教学之我见 [M]. 长春：吉林人民出版社，2022.

[4] 解凤英. 高中物理深度学习中的教与学 [M]. 长春：东北师范大学出版社，2022.

[5] 李耀俊. 自主探究物理实验 [M]. 北京：中国原子能出版传媒有限公司，2022.

[6] 杨昌彪. 高中物理教学设计 [M]. 成都：西南交通大学出版社，2021.

[7] 杨宏. 基于核心素养的高中物理教学设计与方法 [M]. 长春：吉林人民出版社，2021.

[8] 李靖. 高中物理核心内容及其教学策略 [M]. 长春：吉林人民出版社，2021.

[9] 瞿永明. 高中物理课程教学的思考与创新 [M]. 长春：吉林人民出版社，2021.

[10] 田序海. 核心素养视野下的高中物理有效教学研究 [M]. 济南：山东科学技术出版社，2018.

[11] 张伟. 高中学生物理建模能力及其培养对策 [M]. 长春：吉林人民出版社，2021.

[12] 陈延涛. 基于核心素养的高中物理实验实践与研究 [M]. 长春：吉林人民出版社，2021.

[13] 庞桂香. 高中 STEM 课程创新设计 [M]. 昆明：云南大学出版社，2021.

[14] 王家山. 高中物理教学与解题研究 [M]. 上海：上海社会科学院出版社，2020.

[15] 陈允怡. STEM 教育与高中物理教学的融合探索 [M]. 广州：华南理工大学出版社，2020.

[16] 孙明杰，杨泽伟，杨继增. 高中物理分层教学的有效性探究 [M]. 长春：吉林人民出版社，2020.

[17] 刘军. 高中物理项目式教学实践研究 [M]. 济南：山东科学技术出版社，2020.

[18] 张玉峰. 高中物理概念学习进阶及其教学应用研究［M］. 南宁：广西教育出版社，2020.

[19] 魏羽飞. 基于 STEAM 教育视野的高中物理课堂教学构建［M］. 北京/西安：世界图书出版公司，2020.

[20] 马亚鹏. 中学物理教育教学问题研究［M］. 陕西师范大学出版总社有限公司，2020.

[21] 龚彤，王建，胡远刚. 中学物理数学方法简述［M］. 重庆：重庆大学出版社，2020.

[22] 任虎虎. 指向深度学习的高中物理教学研究［M］. 合肥：中国科学技术大学出版社，2019.

[23] 姚跃涌. 高中物理复习教学方法策略与案例研究［M］. 广州：广东高等教育出版社，2019.

[24] 周后升. 高中学生物理学科核心素养发展研究及教学实践［M］. 广州：广东高等教育出版社，2019.

[25] 罗来金. 高中物理情景归类复习［M］. 上海：同济大学出版社，2019.

[26] 袁勇. 高中物理合作学习任务设计［M］. 成都：西南交通大学出版社，2019.

[27] 陈光德. 物理初高中衔接导学［M］. 成都：四川大学出版社，2019.

[28] 张修江，何帮玉. 物理创新性教学与高效课堂［M］. 长春：吉林人民出版社，2019.

[29] 杨晓青，邓友斌，王涛. 在物理教学中实现有效教学的策略研究［M］. 长春：吉林大学出版社，2019.

[30] 汪大勇. 中学物理（力学）核心学习［M］. 合肥：合肥工业大学出版社，2019.